亚里士多德
与古代教育理想

（美）托马斯·戴维森（Thomas Davidson）　著

王　硕　译著

中国海洋大学出版社

·青岛·

图书在版编目(CIP)数据

亚里士多德与古代教育理想 / (美)托马斯·戴维森
(Thomas Davidson)著; 王硕译著 . -- 青岛 : 中国海
洋大学出版社, 2025. 5. -- ISBN 978-7-5670-4173-8

Ⅰ. G40-091

中国国家版本馆 CIP 数据核字第 20256VZ461 号

Aristotle and Ancient Educational Ideals by Thomas Davidson, New York, Charles
Scribner's Sons, 1892

出版发行	中国海洋大学出版社			
社　　址	青岛市香港东路 23 号	**邮政编码**	266071	
出 版 人	刘文菁			
网　　址	http://pub.ouc.edu.cn			
订购电话	0532-82032573 (传真)			
责任编辑	邵成军　刘怡婕	**电　　话**	0532-85902533	
印　　制	日照日报印务中心			
版　　次	2025 年 5 月第 1 版			
印　　次	2025 年 5 月第 1 次印刷			
成品尺寸	170 mm × 230 mm			
印　　张	10. 75			
字　　数	160 千			
印　　数	1 100			
定　　价	49. 00 元			

▌导　读

　　作为人类思想史上的灯塔式人物，亚里士多德不仅在哲学、政治学、伦理学等领域开宗立派，也对古希腊乃至后世的教育思想和实践产生了深远的影响。亚里士多德的教育思想散落在其《政治学》《尼各马可伦理学》《修辞学》《诗学》等著作当中，国内对其教育思想的引介，多见于上述原著的翻译，或者《西方教育思想史》《外国教育史》等著作的相关章节。然而，以亚里士多德的教育思想为主轴，系统性地介绍他的教育理论及其与古代（古希腊、罗马时期）教育思想和实践的关联的专著尚较为少见，而这正是托马斯·戴维森的《亚里士多德与古代教育理想》一书的特色。

　　本书共分为四卷，第一卷从总体上介绍了古希腊教育的特点、条件、对象、分期等背景性知识；第二卷详述了亚里士多德诞生前的"希腊时期"的教育特色。这一时期又被分为以斯巴达为代表的，以培养虔诚、守法、爱国和勇敢的公民为目标的"旧教育"时期，以及以雅典为代表的，以培养理性、自由的公民为目标的"新教育"时期；第三卷着重阐述了亚里士多德的生平及其哲学思想、国家思想和教育思想。其中，亚里士多德对童年、少年、青年和成年这四个阶段的教育具体内容的阐释，以及其对文法、体育、音乐和绘画四个科目的教育规划与评论是这部分的重点内容；第四卷是对亚里士多德去世之后，以修辞学派和哲学学派为主导的希腊化时期的教育思想的总结，也是亚里士多德教育思想的尾声。从章节安排上看，作者将亚里士多德的教育思想放置于全书中段，前承希腊时期的教育思想家毕达哥拉斯、色诺芬、柏拉图，后接希腊化时期的教育家昆体良、普鲁提诺等，很好地体现了亚里士多德思想的师承和影响。所以，我们既能从亚里士多德身上看到斯巴达教育的影子，也能看到马其顿时期世界主义思想对他的影响；

既能看到亚里士多德对"旧教育"思想的继承,也能看到他对个人主义的批评和为弥补"新教育"的弊端所提出的设想。

本书的一个可贵之处在于,它没有对亚里士多德的教育思想进行简单的罗列和总结,而是将重点放在对这些教育思想产生的原因的分析之上。正如作者本人所言,"列举这些原因似乎比追溯变革本身的具体步骤更有益"。因此,本书给读者提供了一个广阔的历史视角,让读者得以窥见不同的时间、地点、经济、政治、自然条件对古希腊教育思想和目标的影响。这种叙事方式将激发读者的批判性思维,为他们带来更多的洞见。同时,这种将社会背景、人物经历、思想观念相糅合的叙事方式在为我们展示古希腊教育恢宏画面的同时,也可能会让读者感慨头绪万千,不得要领。在此,译者建议读者可以重点关注以下几点,以便取得纲举目张之效。

第一,"德性"是希腊教育思想的核心。作者在本书开篇"希腊教育的特点和理想"中开宗明义地指出了这一点。作者提醒我们从四个方面来理解"德性":"德性"是对人的本质和人与人之间关系的研究;它要求人们坚强、执着和勇敢;它将个人置于社会之中;它体现了一种静态的完美。关于"德性"的具体含义,亚里士多德认为,"德性"指向的是人类的终极目标:幸福生活。幸福就是合乎"德性"的自足活动,而"德性"是人充分发挥自己的特性或辨别能力的结果。此外,作者在本书中也多次提到了与"德性"有关的内容,例如,"德性"代表了"公平与善"的理想;希腊教育的目的始终是"德性"、卓越、公平和善。从哲学层面来看,"德性"体现了亚里士多德等古希腊思想家对什么是人、人存在的目的、什么是道德的生活等哲学问题的思考。至于如何使人具备"德性",苏格拉底提出的方案是通过完整的思考,找到一种建立在自我理解和反思之上的新的道德生活。落实在教育层面,苏格拉底和柏拉图认为,教育的目的是通过知识的学习获得"德性",因此他们对智力教育的青睐压倒对体育和音乐的重视。而亚里士多德对此的看法是,因为人是被赋予理性的存在,发展理性是教育的最高目标,理性意味着均衡与和谐,因此亚里士多德的教育思想注重人的全面教育。他所提倡的教育内容兼顾通识教育(或曰博雅教育)与非通识教育、智识教育与身体教育的平衡。亚里士多德认为,人要通过自己的行动和实践成为一个有"德性"的人,通过身体和心灵的双重净化获得"德性"。

第二,亚里士多德的教育观与他的"实践哲学"之间的关系。如果说苏格拉底的哲学将希腊从神话时代带入对人之"认识你自己"的世俗关怀,柏拉图通过哲学王的统治建立理想国,给予理性以崇高地位,那么与苏格拉底和柏拉图不同的是,亚里士多德认为,理性是经由实践获得的,爱智慧、追求善的"德性"教育可以向更为具体的技艺学习等实践行为转化。这一思想对希腊化时期的思想家西塞罗、昆体良等也产生了影响,因为修辞学就是对这方面的训练。亚里士多德的实践哲学产生的原因,或许与希腊人的政治生活紧密相关。政治本身是一门与实践相关的科学,它的实践性表现在,要成为一名合格的、能够履行自己政治责任的公民,不仅要掌握一定的知识,更重要的是要知道如何行动,如何获取实践智慧。这种实践智慧可以通过在街道和广场上与年长公民的接触、在公民大会上自由讨论等途径获得。所以,要做一名合格的希腊公民,必须从实践中学会如何参与政治生活。

因此,对亚里士多德而言,培养合格公民的教育是一种实践活动。他提倡人们应该到外部经验世界中去,从实践中发现真理。亚里士多德著名的归纳法正是基于这种实践观提出的。亚里士多德的教育思想也充分体现了这种实践观。例如,他认为,当年轻人成为公民之后,应该被分配到文职和军队等岗位接受锻炼,用实践的方式学习伦理学和政治学这类实践哲学。在积累了足够的实践经验之后,他们才可被选入议事机构,行使立法职责,担任祭祀之职,或做理论研究,从事那些需要较多思考的职业。亚里士多德的实践观对后世教育影响甚大。例如,古希腊要求儿童首先广泛地参与实践,而后再在实践的基础上总结出理论,如本书所言,要"先行其事,后知其理"。希腊人对教育实践性的坚持令人敬佩,但是,他们并未将实践视为目的本身。相反,他们非常重视洞察力以及自由精神在实践中的作用。

第三,教育与政治的关系:培养好公民。亚里士多德有名言曰:"人是政治动物。""城邦之外,非神即兽。"这两句话的意思是:人的政治本性使人之为人,同时人又在国家中实现自己。也就是说,教育是为国家之目的而开展的,教育是实现亚里士多德的国家理想和政体理想的方式。因为国家是使人为善的保证,是确保人类最充分地发挥理性的机构,而国家的繁荣则依赖好的公民,于是,教育、公民、国家之间形成了一个相互依赖的闭环。不论是柏拉图的《理想国》,还是亚里士多德的《政治学》,都强调了教育之于国家的重要性。既然希腊教育的目的与培养好公民紧密相连,那么,城邦需要什么样的公民呢?对于自然条件相对恶劣、主要依靠武力生存的斯巴达人来说,他们需要的是骁勇善战,将国家利益放在首位、对集体绝对服从的战士;对于在经济上更为发达,与海外交往更为频繁,文化上也更为包容的雅典人来说,他们倾向于培养德、智、体、美全面发展的公民。因此,我们看到,文法、修辞、音乐、舞蹈、诗歌、体操等都是雅典公民必须学习的内容。在此需要注意的是,古希腊语境中的公民,指的是拥有"自由人"身份的统治阶级,奴隶、工匠、商人等被统治阶级并非希腊思想家关心的教育对象。本书作者在"教育的对象"一章中也提醒读者,古希腊的教育是对少数人的教育,是为统治阶级服务的教育。

第四,用比较的视角看待斯巴达和雅典的教育。斯巴达和雅典是希腊最具代表性的两个城邦,两者的教育思想和实践各具特色。斯巴达的教育特点是过于紧绷,或者说缺乏个性。它的教育完全由国家控制,禁止出现私立教育。体育几乎是斯巴达教育的全部内容。因为他们需要的是令行禁止、对国家绝对服从的战士,因此并不重视个性的培养。这种教育思想所带来的结果是,斯巴达人个人的主动性和创造性受到抑制,并最终阻碍了城邦的发展。而雅典的教育则更为松弛,它致力于培养全面发展的公民。这种全面发展体现在通过体育运动所锤炼的强健的身体,通过伦理教育所获得的良好的"德性",通过文法、修辞、逻辑学教育等锻炼出来的聪慧的大脑,以及通过美术、音乐教育等熏陶出来的高雅的审美。此外,雅典的私人讲学活动一直存在且较为活跃,从早期的毕达哥拉斯学派、智者学派,到后来的柏拉图、亚里士多德,这些独立于国家体系之外的教师贡献出了最高级、最领先于时代的智慧。但是,雅典对个人主义的过度推崇也在一定程度上导致了公民道德水准的滑坡,这同样加速了雅典的衰落。

第五,体育教育在希腊教育体系中的重要地位。不论是崇尚武力的斯巴达人,还是重视智识教育的雅典人,他们都将体育看作锻炼公民勇毅品质、修炼良好德性、传承民族精神的重要手段。在古希腊所处的冷兵器时代,士兵的体魄和勇气对于战争的胜利极其重要,而体育恰好能锻炼人的体能、勇气和机智。体育教育贯穿希腊人一生中的各个教育阶段;希腊的体育馆中耸立着象征敏捷的赫尔墨斯和象征力量的赫拉克勒斯的雕像;《荷马史诗》、希罗多德的《历史》、修昔底德的《伯罗奔尼撒战争史》中也遍布对勇敢强健的战士的颂扬。对体育的重视也影响了希腊人的身体审美。菲狄亚斯的《雅典娜神像》、米隆的《掷铁饼者》、亚力山德罗斯的《米洛斯的维纳斯》无不体现了体育训练带来的紧实的肌肉和流畅的身体线条。随着社会的发展,体育教育从最初的为城邦培养合格士兵这样的军事需要,演变为公民日常生活休闲的一部分。体育馆、竞技场承担了学校的功能,也成了公民社交的重要场所,雅典青年在体育馆中完成了他们的社会化教育。

虽然斯巴达和雅典都重视体育教育,但是与斯巴达人严苛的体育训练相比,亚里士多德对体育教育的观点比较温和。他认为,体育训练的目的不是为了增强孩子的运动能力,或者让他们变得勇猛,这样只会使孩子成为纯粹的专业人士。他还主张儿童在青春期之前应该仅进行较为轻松的运动,不能过度地消耗身体。

第六,闲暇教育的兴起。闲暇教育是希腊教育的一大特征。经历了希波战争的胜利,经济相对富足、生活基本条件得到满足之后的希腊人,开始思考如何度过自己的"闲暇"时间。但是,他们所谓的闲暇并不等同于享乐。正如亚里士多德所言,希腊人所追求的闲暇生活"既不以享乐为目的,也不以满足日常生活需求为目的"。在亚里士多德看来,闲暇本身,以及由闲暇所带来的幸福和快乐本身,就是目的。可以看出,与柏拉图培养具有治国才能的"哲学王"相比,亚里士多德的教育观体现出了个人主义倾向:教育既为国家输送合格的公民,也关注个人的幸福和自我完善。

关于如何有意义地度过闲暇时间,亚里士多德认为人们需要接受美育教育。音乐、绘画等即是此类具有"净化"心灵功能的美育教育。在本书"七岁到二十一岁的教育"这一章中,作者描述了亚里士多德对文法、体育、绘画和音乐教育的观点。亚里士多德认为,戏剧可以激发或"净化"人类的情感;绘画可以宣泄人的激情,让人们欣赏形式之美;音乐也能唤起人的温柔、勇敢、克制等各种情绪，让人产生快乐或痛苦的感觉，而这种感觉又与人心中高尚或卑下的思想相关联。亚里士多德提倡儿童和年轻人参与音乐表演，自己创作音乐，但同时他也反对自由人将音乐演奏作为一项向公众展示的技艺。亚里士多德还指出，伦理歌曲和相应的和声最适合用作教育之目的。

第七，译者认为，本书所述教育思想，对于我们现今的教育所面临的一些困惑，也颇具启发意义。在此简单列举几点，与诸位读者探讨。

例如，关于让父母倍感焦虑的儿童教育问题，亚里士多德的观点是，孩子五岁之前不应对他们进行教育或严厉的管教，否则会阻碍孩子的成长。但是，他主张孩子自小要进行体育锻炼，锻炼可以通过游戏等方式来开展，而且不能使孩子过于劳累，当然，也不能过于懒散。对于孩子的哭闹尖叫等问题，亚里士多德也表现出了宽容的态度，他认为孩子的哭叫可以增强他们的体力，帮助其成长。同时，他也提醒成年人要言行得当，不能让儿童耳濡目染于不好的语言或行为。可见，相较于许多担心孩子输在起跑线上的当代父母，亚里士多德对儿童教育的态度还是相对平和的，"均衡""和谐"的思想贯穿于亚里士多德的教育观。

再如，人工智能的迅猛发展引发人们对教师角色合法性的担忧。人工智能是否会取代教师，教师存在的意义是什么？教师应该教什么？怎么教？这些疑惑或许也可以从古希腊先哲们的教育思想中得到解答。让我们回看苏格拉底的"精神助产术"，这种启发式教学法主张不能直接告诉学生答案，而是通过与学生平等地问答、交流，使学生认识到自己逻辑的谬误和无知之处，进而得出正确的观点。苏格拉底的这种教学思想并不以向人们传授新知识为目的，而是为了启发人们摆脱思想的束缚。可见，人工智能时代的教师角色有充分的调试空间，教师如果能够完成从传统的知识传授者到思维引导者和学习组织者的转变，如果能够帮助学生获得个性化的学习体验，教师职业在人工智能时代仍大有可为。

最后提醒各位读者，亚里士多德与其他思想家的部分思想带有时代和阶级的局限性。因本书为译著，译者力图准确再现原文内容，但并不表明认可其观点，请诸君明鉴。

▌前　言

　　亚里士多德是古代教育思想的集大成者,在着手研究亚里士多德时,我本可以借助卡普的《亚里士多德的国家教育学》来轻松完成这一任务,我可能只需有条不紊地介绍他的各种著作(《政治学》《尼各马可伦理学》《修辞学》《诗学》等)中有关教育主题的内容,然后稍加评论即可。但是,我没有采用这种方法,原因有二:(1)已经有论文完成了上述工作,而且比我做得更好;(2)如若仅仅重述亚里士多德关于教育的论述,那么很难显示他与古代教育学①的整体关系。因此,我认为最好的办法就是简要地追溯亚里士多德时代整个希腊教育的历史,以说明亚里士多德的理论处于继往开来之地位。在我看来,只有这样才能正确地看待亚里士多德的学说。我发现这样做有许多优点,其中之一我可以提一下:它能够展示希腊教育与希腊的社会和政治生活之间始终存在着的密切联系,并且使它们之间相互参照。这一点绝对是一个优势,因为希腊教育的主要意义就在于它与整个社会生活的关系。事实上,我们永远无法回到希腊人纯粹的政治教育中去;他们自己也不得不放弃这种教育,而且从那时起,一个无穷的希望在地球上传递……

　　但在今天,当国家和体现这种希望的机构都在争夺教育权的时候,我们必须追溯这些不同教育主张的产生过程,并弄清这些主张的含义。如此,才能有助于协调目前我们各自的主张。我希望,我所遵循的这一过程和方法,能够在某种程度上使我的观点更加清晰。无论如何,这是我的主要目的之一。在论述希腊教育实践的细节时,我的指导思想是,只介绍或着重介绍

---

① 译者注:本书所指"古代",尤指古埃及、希腊和罗马时期。

1

那些有助于构成希腊教育完整画面的细节。因此，我省略了所有关于奥林匹亚运动会和其他运动会的训练内容，因为这（在我看来）并不是教育体系的重要组成部分。

在书中引用古代作家的语录或原著，比较容易给人一种旁征博引的感觉。因此，我喜欢在各个章节的标题处，主要用英文引用那些似乎能以最鲜明的方式，表达希腊教育不同时期、不同理论的精神的语录。我相信，将这些引文合在一起，可以相当明确地勾勒出整个主题的轮廓。最后，我想说的是，虽然我使用了一些现代著作，如卡普和格拉斯伯格的著作，但这样做几乎完全是为了寻找参考资料。对于文章的每一处引用，我相信我都查阅了原始资料。因此，如果我在某些问题上的结论与在我之前的著名作家有所不同，我只能说，我已尽力查阅了原始资料。我并不自诩在每一个问题上都找到了真理，因此，无论他人本着什么精神对本书提出纠正意见，我都将不胜感激；但我相信，我已经能够介绍"古代教育理想"的基本特征。

托马斯·戴维森

1891 年 10 月

目　录

第一卷　引　言

第一章　希腊教育的特点和理想 / 3

第二章　希腊教育的分支 / 5

第三章　教育的条件 / 7

第四章　教育的对象 / 9

第五章　受时间、地点和环境影响的教育 / 11

第六章　希腊教育的分期 / 17

第二卷　希腊时期（公元前 776—公元前 338 年）

第一部分　"旧教育"（公元前 776—公元前 480 年）/ 23

第一章　工作与闲暇教育 / 24

第二章　伊奥利亚或底比斯的教育 / 28

第三章　多利安或斯巴达的教育 / 30

第四章　毕达哥拉斯 / 37

第五章　爱奥尼亚或雅典的教育 / 43

一、家庭教育 / 46

二、学校教育 / 47

（一）音乐（和文法）教育 / 49

（二）体育（或体操）教育 / 52

（三）舞蹈 / 54

三、体育馆(学园)教育 / 56

四、城邦教育 / 58

第二部分 "新教育"（公元前 480—公元前 338 年）/ 60

第一章 个人主义与哲学 / 61

第二章 色诺芬 / 74

第三章 柏拉图 / 84

第三卷 亚里士多德(公元前 384—公元前 322 年)

第一章 亚里士多德的生平与作品 / 97

第二章 亚里士多德的哲学 / 102

第三章 亚里士多德的国家理论 / 105

第四章 亚里士多德的教育理论 / 109

第五章 头七年的教育 / 116

第六章 七岁到二十一岁的教育 / 118

第七章 二十一岁以后的教育 / 124

第四卷 希腊化时期(公元前 338—公元 313 年)

第一章 从民族生活到世界生活 / 129

第二章 昆体良与修辞学教育 / 133

第三章 普鲁提诺与哲学教育 / 140

第四章 结语 / 144

附录 七艺 / 146

参考书目 / 151

书中人名汉英对照 / 154

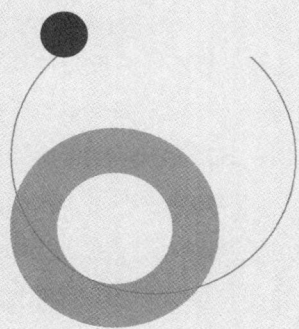

第一卷

引　言

第一章　希腊教育的特点和理想

避免极端！

——梭伦（古希腊政治家）

任何公民都无权认为自己是独立的个体；但所有人都应认为自己是属于国家的，因为每个人都是国家的一部分；对部分的关心自然也是对整体的关心。

——亚里士多德

希腊人的生活，无论其表现形式如何，都被一种审美的思想所支配，这种审美思想就是"比例"（或"均衡"）。这种思想有时是有意识的，有时是无意识的。希腊语中的"逻各斯"（Logos）不仅用来指宗教的化身，而且还在现代语言中为"显示为理性的科学"提供了一个名称——"逻辑"。事实上，对希腊人来说，"理性"总是意味着"比率""比例"。对他们来说，理性的生活意味着生活的各个方面，无论是内在的还是外在的生活，都相互保持着恰当的均衡。这种均衡包括三个方面：第一，人类个体的不同身体部位之间的均衡；第二，社会整体中个人与其他人之间的均衡；第三，人类本身与至高无上的神明之间的均衡。如果一个人身上实现了这三种均衡的和谐，那么希腊人通常称他具有"德性"（Ἀρετή 这个希腊文经常被译为"美德"，但这个译名并不正确）。亚里士多德曾为"德性"这一理想写下了部分诗篇，在此我将其直译如下：

《致德性》

哦，德性！人类严厉的任务执行者，
生命最高贵的奖赏：
圣母啊！在希腊，即使为了你的美丽死去，
也是件令人羡慕之事！

人们受尽煎熬,却毫无怨言。

你如此引导人们的精神,

结出比黄金更好的不朽果实,

指引我们回到父母的怀抱,惬意安眠。

为了你的事业,身为大力神海格力斯和莱达的儿子们,

用行动证明和宣扬你的力量。

为了爱你,阿喀琉斯和阿贾克斯堕入冥府。

为了你的美貌,阿尔忒弥斯的幼女也失去了太阳的光辉。

因此,缪斯女神将赞美你,因为你是不朽的英雄,

记忆女神的女儿们,也将赞美陌路人的荣耀,守护朱庇特,坚守友谊的荣誉。

关于"德性"这一理想,有四点特别值得注意:第一,它对人的本性和人与人之间的关系进行了详尽的研究;第二,它要求人们坚强、执着和勇敢;第三,它倾向于将个人置于社会的整体和普遍秩序之中;第四,总体而言,它的目标呈现一种静态的完美。前两项是这一理想的优点,后两项则是缺点。第一个优点避免了希腊人追求片面的教育制度,第二个优点防止了希腊人试图把教育变成一种娱乐手段。亚里士多德明确指出:"教育当然不应该变成娱乐的手段,因为年轻人在学习的时候并不是在玩耍,因为所有的学习都伴随着痛苦。"再来看这一理想的缺点,它的第一个缺点损害了个人自由,因此阻碍了人类的最高发展;第二个缺点则鼓励了乌托邦式的梦想。这种梦想总是处在静止的条件中,不受进步所必需的艰辛和痛苦的干扰,因而往往使人对缓慢的进步产生不耐烦的情绪。但是,只有在这种缓慢的进步中,人类才能取得持久的成果。柏拉图的《理想国》和色诺芬的《居鲁士的教育》等作品就是这种缓慢进步的产物。

第二章　希腊教育的分支

年迈的车战者珀琉斯让我随你同行，就在那一天，他送你离开佛提亚，前往阿伽门农的营地。那时你还是个孩子，尚未通晓战争与人与人之间的争斗。为此，他派我教导你这一切，使你成为能言善辩的演说家，同时也成为一名行动者。

——荷马

最重要的是，我们要千方百计使我们的公民拥有善的灵魂和强壮的体魄。

——琉善（希腊修辞学家和讽刺诗人）

生活是人类最初的学校。家庭生活和社会的生活都可以成为人类的学校，所有其他学校都只是行使家庭和社会赋予的职能。直到社会复杂到需要分工的地步，才出现了专门的学校。在荷马时代的希腊人留下的文献中，我们没有发现任何关于学校的记载，唯一的一个关于家教的记录，是荷马对阿喀琉斯所受教育的描述。阿喀琉斯很早就被送出家门，没有获得本应从父亲那里得到的教育。从本章开头的第一段引文中，我们可以了解到这种教育的内容，那就是让学生成为一名"演说家和行动者"——在会议上能言善辩，在战场上勇敢果断。为了达到这些目的，正如琉善所言，他需要一个善的灵魂和强壮的身体。

上述表述标志着希腊各个时期的教育分为两大类——思想教育和体育教育——以及它们最初的目标：灵魂的美德（即勇敢）和身体的强壮。随着时间的推移，这些目标发生了很大的变化，实现这些目标的手段也随之变化。体育教育越来越注重美和优雅，而不是力量，而美德教育则努力将自己扩展到所有的思想力量，包括文法教育和音乐教育。

正如我们所看到的，希腊人的目标是以适当的比例，以及和谐的方式发展人类的所有能力。但随着时间的推移，他们发现，人类来到这个世上时，他的力量不仅没有得到发展，反而变得混乱不堪、不再协调。因此，教育不仅需要仔细关照人类幼苗的成长，而且在教育取得成功之前，还必须清除幼苗生长的土壤中过量的窒息性杂草。这种清除过程后来被希腊人称为"清洗"或"净化"。"净化"在希腊人的教育体系中扮演着越来越重要的角色。人们认为，"净化"对人的情感的作用，就像医学对人的身体的作用一样，只是它所采用的手段主要是音乐和类似的艺术。古人认为，这些艺术对灵魂能产生我们现在所说的"唤醒"的作用。它能消除扰乱人类情绪的诱因，让情绪完全受人类自己的掌控。可以说，古人认为，美术的主要功能和目的，就是对灵魂实施"净化"。亚里士多德当然也是这样认为的。

当"净化"以及对人类身体和心灵的双重教育产生完美的效果之时，就是希腊人所说的"公平与善"的达成之时。"德性"或"卓越"在一定程度上代表了这种理想。我们通常把亚里士多德在希腊语里所说的"善"的形容词翻译成英语中的"真诚的"一词。我们这样做是有道理的，因为对希腊人来说，"卓越"或"德性"首先意味着认真、真诚、真实、彻底、不轻浮。

—• 第三章　教育的条件 •—

有些人认为，人的善良是天性使然；有些人认为，人的善良是训练使然；有些人认为，人的善良是教导使然。如若善良是天性所致，那显然，善良借由某些神圣的渠道传递给了真正幸运的人，而这不取决于我们自己的作为。

——亚里士多德

父亲之为父亲，不仅仅因为他生育了孩子，而且因为他给予了孩子卓越的教育。

——金口约翰（希腊主教和神学家）

我们对艺术和科学的断言与对道德和德性的断言如出一辙，即一个完美人格的形成需要三个条件——天性、理性和习惯。理性指的是教导，习惯指的是训练……没有教导的天性是盲目的；没有天性的教导是无助的；没有对两者的训练是漫无目的的。

——普鲁塔克（希腊历史家）

希腊人认为，人们要实现理想，必须具备三个条件：一是高尚的天性；二是沿着正确的方向坚持不懈地锻炼或训练；三是悉心的教导。如果缺少其中任何一项，都无法达到最好的结果。

第一，高贵的出身被希腊人视为诸神最好的恩赐之一。亚里士多德将高贵的出身定义为"古代的财富和德性"，这充分表达了希腊人的普遍观点。因此，希腊人在结婚时自然而然地最看重对方是否能够给自己的后代带来好的出身。事实上，可以公平地说，希腊男人结婚的目的，与其说是为自己找一个帮手，不如说是为自己的子女找一个称职的母亲。在希腊，与古代世界的其他地方一样，婚姻只被视为以生养后代为目的而做的一种安排。虽然浪漫的甚至病态的爱情元素在现代婚姻中扮演着如此重要的角色,但在希腊人那里,爱情几乎完全不存在。那时所谓的爱情,要么是高尚热忱的友谊,要么是自由放荡的情欲。尽管婚姻被视为一种获得出身的手段,但是希腊夫妻之间的关系往往使家庭成为塑造孩子们美德的学校。这是因为希腊夫妻的关系不是建立在虚幻的感情基础上的,而是建立在理性和对等的责任感之上的,这反而使得夫妻之间的关系高尚、甜蜜,并且坚固。

第二,古人似乎比现代人更能理解锻炼、实践和习惯的价值。无论一个人要做什么,无论是说话、游泳、玩耍还是战斗,他都只能通过实践来学习,这是一条被希腊人普遍接受的格言。现代人试图通过规则来教授语言和美德,而在此之前,人们却没有开展广泛的实践。这种习惯在古人看来,就像一个人在下水之前就能学会游泳一样荒谬。先行其事,后知其理;行其事,则知其理——这就是古代的智慧。我们现在所有的科学方法——在没有向儿童解释理由之前,不应要求他们做出任何行为或服从任何限制,似乎与古人的做法完全相反。古人正是凭借简单的权威,坚持要求儿童采取某种做法,以向他们灌输崇尚的经验和德性,以及尊重法律的美德。

第三,由天性而始的工作,通过习惯或锻炼得以继续,进而通过教育得以完成并达到顶峰。按照希腊人的说法,这样做有两个作用:(1)通过使行动合理化而获得行动的自由;(2)使出于人们天性的原始行动得以发展。天性和习惯使人束手束脚,让人受本能和规定的支配;但是,教导,即揭示行动的依据,使人获得自由。这种自由是建立在洞察力的基础上的。对希腊的思想家来说,它是人的自我实现,或者说是人的神性的实现。"真理会使你们自由"——没有人比他们更明白这一点。因此,尽管希腊人始终坚持教育的实践性,但他们从未将实践视为最终目的,也从未将实践视为任何事情的目的。对他们来说,没有宽阔的精神视野,没有自由洞察力的实践是不自由的、奴性的、微不足道的——他们将这样的实践称之为"机械式的"——是对身体和灵魂的贬损。

—• 第四章　教育的对象 •—

尽管教导显然可以引导和激励大多数年轻人中的慷慨大方者……但它同样无力使大多数人变得高尚和善良。因为这些人的天性并不接受敬畏的指导,这些人受到的是恐惧的指导;他们也不会因为低级的东西可耻而不去做,他们不去做的原因只是因为这样会带来惩罚。

——亚里士多德

在思考希腊教育能为我们现代人提供的可能模式时,有一点必须牢记,即希腊教育只针对少数人:富人和出身良好的人。对于其他所有人,包括奴隶、野蛮人、工匠和商人阶层,以及对一般来讲,将追求财富或任何私人目的作为其毕生所求的人来说,希腊教育似乎将他们抛弃了。即使是出身良好的妇女,一般也无法享受到希腊教育的大部分好处。希腊教育的对象是正式公民的儿子,这些孩子将为成为正式公民作准备。这些孩子的义务被归纳为两个方面:对家庭的义务和对城邦的义务,或者如希腊人所说的"经济的和政治的义务"。自由公民不仅不承认除此以外的其他义务,还鄙视在其他领域工作的人。然而,"经济"和"政治"是两个非常宽泛的术语。前者包括丈夫与妻子、父亲与子女、主人与奴隶和财产这三种关系;后者则包括立法、行政和司法这三种公共职能。自由公民将这六项职能之外的所有职业都留给了奴隶或外邦人。他们鄙视现代意义上的赚钱,如果他们投身于艺术或哲学,也只是为了城邦的利益。如果一个自由公民的财产有所增加,那么他肯定不是通过贿赂或放贷的方式,而是通过明智的管理,通过和善但坚定地对待他的奴隶来实现的。如果自由公民为城邦作出了巨大的艺术贡献,例如,他为城邦的宗教节日创作了一部悲剧(戏剧创作从来没有因为其他目的),他所期待的唯一回报就是一项用橄榄枝或月桂枝编成的冠冕,以及同胞们的尊敬。

　　希腊人将他们生活中的人分为两个不同的阶层——统治阶层和被统治阶层，并认为只有前者才是教育的对象，而后者只是统治阶层手中的工具。统治阶级需要接受教育，以便按照理性和正义的原则来管理自己和其他阶级；其他阶级接受统治阶级的指导，不需要接受教育，或者只需要接受服从教育。因此，统治阶级的职责是统治，被统治阶级的职责是服从。只有在这种相互关联的职责中，每个阶级才能找到自己的用武之地和满足感。任何扰乱或颠倒这种相互关系的企图都是对自然法则的肆意践踏，是对事物神圣秩序的反叛。

　　统治阶级的每个成员都找到了自己适当的活动范围：在家庭中，他们是丈夫、父亲和主人；在城邦中，他们是立法者、行政官员和法官。如果试图进行其他活动，那他们就是做错了事，把自己贬低到了服务阶级的水平。这种观点或多或少地充斥于整个古代世界，制约着其所有的教育观念和理论。

第五章　受时间、地点和环境影响的教育

> 每个政府的特殊性都是其建立之初的基础,也是其通常得以维持的原因……既然整个城邦只有一个目的,那么显然有必要为所有公民提供统一的教育。
>
> ——亚里士多德

希腊人的教育与其他进步民族一样,随着时代和环境的变化而变化。荷马时代希腊人的教育不同于亚里士多德时代雅典人的教育,后者也不同于斯巴达人或底比斯人的教育。此外,在实践中真正开展的教育,也不同于哲学家和教育学家所要求或建议的教育。诚然,教育的目的始终如一:德性、卓越、公平和善。但是,在不同的时间和不同的地点,人们对这一目标的理解和追求却各不相同。

正如我们所看到的,对荷马时代的希腊人来说,教育纯粹是实用性的,目的只是让受教育者"能言善行",而且这种教育是在实际交往和生活斗争中获得的。那个时代的人,因生存条件简单,不需要其他教育,因此也不需要特殊的教育机构。荷马所描述的那个时期的条件虽然绝非野蛮,但却是原始的。那时游牧民族早已不是社会主流,村庄大多合并成有城墙的城镇,这些城镇一般离海岸有一段距离,位于山丘上或山丘附近,山顶则是被当作遇到危险时避难的堡垒。然而,即使在这些最先进的城镇中,文明的类型在很大程度上仍然是父权制的,政府掌握在部族首领或国王的手中。在那个时代,个人价值体现在体力、勇气、美貌、判断力和在议会上发言的能力。任何国王如果缺乏这些品质和能力,很快就会地位不稳,或者被迫通过无法无天的暴政来巩固自己的地位。国王兼有法官、军事指挥官和祭司三项职能。第一项职能需要判断力和演讲能力,第二项职能需要力量、智慧和勇气,第三项职能需要个人的仪表和威严。虽然国王可以行使很大的权力,但

这并不意味着他们可以不负责任或独断专行。相反,国王的权力与公众在言论和行动上的极大自由是相容的。奴隶制只在有限的范围内以温和的形式存在。所有自由公民,无论多么贫穷,都有权参加公民大会。国王会就所有重要事项征求公民大会的意见,并且允许人们在公民大会上自由讨论。当国王行使司法权时,他依据的是宙斯的司法女神的指示或者法律,而不是他们自己的任性所为。由于当时很少有商业活动,古代城市的居民在不打仗的时候主要从事农业、畜牧业和实用艺术业,甚至国王也认为从事这些活动并不可耻。我们从记载中发现,帕里斯帮忙修建自己的宫殿,奥德修斯动手建造自己的寝宫,吕卡翁砍伐木材制作战车栏杆,诸如此类。同样,我们还可以看到海伦和其他公主纺纱织布,而法雅西亚国王的女儿娜乌西卡则为全家人洗衣服。

在这样一个文盲众多的原始社会,接受高等教育的人寥寥无几。荷马提到的有科学天赋的人只有医生(也是外科医生)和占卜者。前者备受赞美,而且总是充当首领。占卜者是向社会传达神兆的人,占据着某种官方地位,就像希伯来的先知一样。严格来说,虽然荷马本人作为历史学家、教师和启发激励者而备受尊崇,但是他的作品中除了吟游诗人之外,没有提到任何艺术家。我们确实发现阿喀琉斯和帕里斯精通音乐,但这种情况似乎是例外。关于工匠,荷马提到了几个木工、几个制作号角和象牙的工人以及陶工等,这也暗示了其他工匠——纺织工、泥瓦匠、打制金属的工人等的存在。

如果说古希腊历史上的英雄时代没有专门的学校,那么生活就是一所极好的学校。与其他所有时代一样,英雄时代的社会性之强,远远超过我们生活的时代。这主要出于三个原因:(1)城邦很小,这使得每个公民都有可能认识其他公民,并感受到他们之间的团结;(2)没有爵位和礼节,这些东西还没有从东方传过来;(3)人们,尤其是男人,一天的大部分时间都是在露天的街道和广场上度过的,因此人们之间的交往不断。这种社会性与希腊人性格的形成有很大关系。希腊哲学史家泽勒将希腊人性格的突出特点列举如下:"强烈的自由意识,加上对比例、形式和秩序的罕见的敏感性,在生活和行动中对同伴的热忱,一种迫使个人与他人结合、服从普遍意志、遵循家庭和社区传统的社会倾向。"

荷马笔下的社会状况和亚里士多德所描写的社会状况中间至少相差了六百年。在这段时间里,希腊人的社会和政治生活发生了许多巨大的变化,教育也相应地发生了很多变化。这些变化是由以下几个原因造成的:(1)人类向往自由的自然倾向;(2)外邦的影响;(3)商业的发展;(4)字母表的引入;(5)哲学的兴起;(6)希波战争。尽管所有这些原因都彼此紧密地交织在一起,但将它们分开来看也无妨。

第一,自由是人类的本性,希腊人尤其如此。这种倾向迅速表现为一系列有序的政治形式,从父权制开始,在不同的城邦和种族中展现出来。事实上,希腊人几乎尝试过所有的政治生活形式。正因为如此,亚里士多德才有可能写出《政治学》这部著作。用最近一位政治作家的话来说,"两千年来,希腊一直是政治智慧最纯粹的源泉之一"。

希腊人多样且多变的政治生活本身就是一种伟大的教育。它使人们认识到社会赖以生存的政治和伦理原则,并要求人们必须具备清晰、敏捷的表达能力,而这对人们的智力和审美产生了最为有利的影响。希腊人正是在现实政治的学校中学习修辞的。亚里士多德在他的《诗学》中告诉我们:"旧时的诗人让他们笔下的人物像政治家一样说话,而后来的诗人则让他们的人物像修辞学家一样说话。"事实上,政治生活不仅对戏剧产生了影响,还通过它对修辞学发展的影响,引起了人们对语言的关注,并导致了基于现实社会需要而产生的两门学科——语法和逻辑学的诞生。

第二,希腊位于三大洲之间,地处古代各国的交通要道,许多不同的民族都会到访希腊。此外,希腊美丽的环境和商业优势也让其他民族对它垂涎三尺。由此便产生了两个结果:(1)希腊是一个非常混杂的民族;(2)希腊人自始至终都与外邦民族有着多方面的接触。这种混杂的特征从希腊人的字母表以及艺术家和历史学家的直接陈述中都可以得到证明。虽然希腊人,尤其是希波战争之后的希腊人,确实把自己视为高人一等的天命之民,称其他民族为"野蛮人",认为其他民族只适合做奴隶,但希腊所有高度完善的艺术和科学几乎没有一门是起源于希腊本土的。事实上,所有艺术和科学都首先出现在"野蛮人"定居的殖民地——埃及、小亚细亚、色雷斯、克里特岛、西西里岛或意大利等地出现。建筑、雕塑、绘画、诗歌、抒情诗、戏剧、音乐、历史、政治、哲学在被移植到希腊之前，都在这些殖民地被借鉴和改造过。或许除了悲剧和绘画之外，"野蛮人"定居地的其他艺术形式都达到了极高的水平。毫无疑问，就连《荷马史诗》的传说也是源于"野蛮人"，尽管具体源于哪个民族还不确定。希腊人具有可塑性和多变性部分是因为他们的混血儿血统，正是这种特性使他们能够借鉴和吸收邻国的艺术和科学，将希腊的文明提升到一个新的高度，并使他们成为历史上的一个新纪元——按照理性生活的纪元——的开创者。亨利·萨姆纳·缅因爵士说："除了大自然的莫名力量之外，这个世界上没有哪个事物不是源于希腊的。"

第三，希腊人从殖民地借鉴的艺术和科学主要通过商业贸易传入希腊本土。最近在迈锡尼、斯巴达和其他地方的考古发现以及《荷马史诗》中的陈述都能证实，外邦艺术品很早就传入了希腊。同样可以肯定的是，后来的艺术家们也带来了外邦的艺术工艺和工具。我们所知道的最早的雕刻家迪皮尼斯和西里斯是克里特岛人，定居在西西翁；我们所提到的最早的诗歌行会是希俄斯岛上荷马的后代创立的。除了将艺术和艺术家引入希腊，商业贸易还在其他方面影响了希腊人，使希腊人了解外国的礼仪和奢侈品，迫使他们学习航海、造船和贸易，而这又使他们必须熟悉算术和读写。

第四，引入字母表。字母表进入希腊人的生活的时间并不确定，但它的影响是深远的。字母不仅对艺术和科学产生了深远的影响，还催生了一个新的教育分支。希腊字母最初可能用于外交和贸易目的，然后被用于铭文镌刻，最后被用于文法作品的永久保存。字母给希腊教育带来了巨大的变化，以至于即使在希腊文化的极盛时代，整个读写和科学教育也被简单地称为"文法"。迟至柏拉图时代，文法似乎已被视为音乐的一部分，并由音乐老师来教授；但到亚里士多德时期，文法和音乐已经被区分开来。字母的引入极有可能是建立青年学校的直接原因，因为在此之前，我们没有发现任何关于青年学校的记载。

第五，紧随字母传入的是哲学或反思精神。大约在公元前 600 年之前，希腊人和世界其他地方的人一样，生活在习惯、传统和规定之中，代代相传，很少或根本没有任何批判性思考。荷马和赫西俄德的作品塑造了希腊人的理想世界。赫拉克利特说："赫西俄德是大多数人的老师。"然而，大约在这一时期，社会的发展为有闲阶级的出现提供了可能，一种新的精神开始出现。这种精神不仅将彻底改变希腊，而且也将彻底改变整个世界。这种精神不再盲目地接受自然界和人类世界的安排，而是要求它们向自己做出解释。科学、哲学和艺术就是这样产生的。

起初，这种新精神向自然发问："这是什么？"但渐渐地，它发现"是什么"并不能完全解释这个世界，于是它又提出了其他问题，也因而意识到了事物构成中有四个可区分的要素，即四个原因，它们分别是质料、形式、动力以及目的或目标。同时，通过同样的过程，它被迫承认世界上存在着理性和智慧，因为形式、动力和目的都以这两者为前提。因此，它不得不从自然转向人，转向作为理性和智慧的已知最高表现形式的人的思想，并致力于对精神的思考，因为只有精神才有可能对世界做出真正的解释。这个过程缓慢而艰难，它的历史就是希腊科学、哲学和艺术的历史。

在哲学兴起之前，诗歌吟诵者或公共演说家一直担任着教师的角色；哲学兴起之后，诡辩家，或者正如他们后来更谦虚地自称的那样，哲学家（爱智慧的人），取代了吟诵者和演说家，承担了教师的职能。希腊几个世纪的历史，从其内部来看，就是诗歌吟诵者与哲学家、大众传统与常识、个人观点与哲学之间斗争的历史。希腊人一劳永逸地为世界完成了从（尼采所说的）第一种精神阶段到第二种精神阶段的过渡，而这一过渡的转折点则以如下事件为标志。

第六，希波战争（公元前 490—公元前 479 年）。希腊人在马拉松、萨拉米和普拉泰取得的胜利，是历史上记载的最为辉煌的胜利。希波战争的胜利对希腊人的思想和生活产生了强大的影响。他们意识到，少数人的力量也可以一次又一次地从陆地和海上击溃一个世世代代威胁着他们的和平与自由的强大帝国军队。他们立刻感到，希腊人的素质和公民制度优于波斯人。并且，他们在希腊人和其他野蛮人之间划出了一条清晰的界线。从这一点出发，希腊人觉得自己是一个被选中的民族，一个注定要统治所有其他民族的民族。"希腊的灵魂征服了波斯的躯体"，波斯是躯体，希腊是灵

15

魂。这一信念体现在希腊生活的方方面面。例如，埃斯库罗斯的《被缚的普罗米修斯》和帕台农神庙就是这种信念在艺术领域的例子。在《被缚的普罗米修斯》中，宙斯和普罗米修斯之间的冲突意味着什么？难道不就是希腊人的精神、智慧和自由与野蛮人的物质、本能和奴役之间的冲突吗？而帕台农神庙又何尝不是对神圣智慧之力量的无与伦比的礼赞？在思想领域，我们发现巴门尼德、阿那克萨戈拉，尤其是苏格拉底（第二次希波战争十年后出生），都有意识地转向精神研究。巴门尼德说："存在和思维是同一的。"阿那克萨戈拉说："万物本是混沌的，后来心灵出现了，对万物加以安排，使其有序。""认识你自己"则是苏格拉底的座右铭。在政治领域，我们发现雅典人试图使城邦成为智慧和美德的工具，并坚持把教育作为实现这一目标的手段。当然，希波战争也产生了其他一些不那么理想的结果，但我们可以从另一个方面更好地说明和评估这些结果。

正是这些主要原因，促使荷马时代希腊人的简单父权制国家，以及纯粹的家庭和田间实用教育，转变为米尔提亚德、泰米斯托克勒斯和埃希洛斯时代希腊人的自由政体，以及复杂的制度和多方面的教育。列举这些原因似乎比追溯变革本身的具体步骤更有益。事实上，由于缺乏历史资料，这本是一项毫无希望的任务。

第六章　希腊教育的分期

由于环境宽松，以及在希波战争前后，他们（我们的祖先）因自己取得的成就对自身有了更高的评价，因此，他们开始有闲暇时间思考问题，并对自己的价值有了更高的追求。他们开始追求各种不加区分的、普遍推行的教育。

——亚里士多德

在论述引入字母表和建立学校之后的希腊教育时，为了清晰起见，我们必须从以下三个方面对希腊的教育加以区分：

（1）不同时期的教育体制；

（2）不同民族和城邦的教育体制；

（3）各城邦实际实施的教育，与理论家或哲学家所倡导的教育之间的区别。

根据第一点，我们可以首先将希腊的教育分为两个主要时期，希腊时期和希腊化时期，然后再将这两个时期细分为若干次要时期。

第一，希腊时期（公元前776—公元前338年）。这一时期大致从第一届奥林匹亚运动会开始，到希腊被并入马其顿帝国结束，涵盖了自由希腊时期的整个历史生活。希腊时期又可分为两个时间段：公元前776—公元前450年；公元前450—公元前338年。

（1）公元前776—公元前450年可被称为"旧教育"时期。这一时期教育的特征是权威的、清教徒式的教育，其目的是培养虔诚、守法、爱国和勇敢的好公民。

（2）公元前450—公元前338年可被称为以理性主义和自由主义为特征的"新教育"时期，其目标是培养精明的、以自我为中心和惜时如金的强者。

正是在"旧教育"和"新教育"这两种制度的斗争中,以及在后者的实际胜利中,希腊失去了它的道德观念。而道德观念的丧失使得希腊公民变得自私自利,这又导致了他们的实力日渐孱弱,并最终轻易地成了外国侵略者的猎物。

第二,希腊化时期(公元前338年—公元313年)。这一时期从使希腊失去独立的凯罗尼亚之战开始,一直延续到基督教取得最终的胜利。基督教为这一时期的生活和教育带来了新的理想和新的精神。希腊化时期又分为两个时间段:公元前338—公元前146年;公元前146—公元313年。

(1)公元前338—公元前146年被称为"马其顿时期"。在这一时期,马其顿对希腊的影响占了上风,希腊的思想和教育吸收了外来的,主要是来自东方的元素,趋向于百科全书式的世界主义。在这一时期,亚历山大对希腊的影响最大。

(2)公元前146—公元313年被称为"罗马时期"。正如贺拉斯所言,"被俘的希腊俘虏了它粗鲁的征服者"。在此期间,罗马与亚历山大一起成为影响希腊思想、艺术和教育的中心。

在希腊时期和希腊化时期这两个伟大的时间段之间,站立着一位为前者立下纲领、为后者勾勒蓝图的人,他就是马其顿希腊人亚里士多德。

接下来,我们将讨论希腊教育的第二个方面:不同民族和城邦的教育体制。在希腊时期,希腊有三个主要民族:(1)伊奥利亚族;(2)多利安族;(3)爱奥尼亚族。这三个民族的中心分别在底比斯、斯巴达和雅典。我们掌握的关于伊奥利亚族教育的相关资料很少,但是关于斯巴达和雅典教育的主要特点,我们已经很熟悉了。在教育方面,正如在所有其他方面一样,斯巴达是保守的、社会化的和贵族的,而雅典则倾向于自由主义、个人主义和民主的。因此,斯巴达拼命固守"旧教育",几乎对艺术、文法和哲学关上了大门,而雅典则被拽入"新教育"的领域,成为所有这些东西(艺术、文学和哲学)的发源地。但是,我们必须始终牢记的是,雅典在支持个人主义和"新教育"的同时,也放弃了希腊的理想,从而为希腊化时期的世界主义思想铺平了道路。此外,我们有必要区分希腊化时期雅典、亚历山大和罗马的教育体系。

我们讨论的希腊教育的第三个方面,是个人理论与大众实践之间的区别。在希腊历史的各个时期,都有一些人在思想和想象层面努力实现人们的理想,并将这些理想作为一种目标、一种鼓励和激励。尽管他们的努力与不完美的现实形成了对比,但是这些理想也不止一次地改变了后来的教育。当然,这些理想也不得不通过宗教或理性的法令来保护自己,才能保证在现实中得以实现。也许可以说,希腊教育家的目的都是为希腊的理想寻找这种承认和许可。在希腊众多的教育理论家中,有六位特别值得一提:(1)毕达哥拉斯,他在南意大利试图将半神秘主义、半伦理学的神学,以及物质世界的数学理论嫁接到多利安理想之上;(2)色诺芬,他试图将这一理想与君主制的政府形式联系起来,以确保这一理想的实现;(3)柏拉图,他试图提升这一理想,并在他的超感性观念理论中为这一理想寻求支持;(4)亚里士多德,他充分展现了希腊人的理想,并试图在历史、社会的美好生活和对更崇高的生活的承诺中为其找到依据;(5)昆体良,他在罗马实施了希腊时期的修辞或世俗教育;(6)普鲁提诺,他提出了哲学或其他世界的教育理想,并为基督教教义铺平了道路。

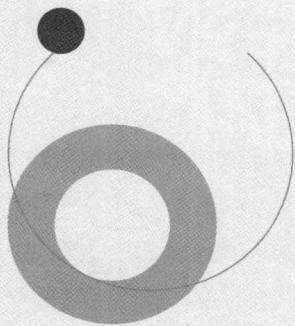

第二卷

希腊时期

（公元前 776—公元前 338 年）

"旧教育"（公元前 776—公元前 480 年）

——• 第一章　工作与闲暇教育 •——

　　当我们审视已发现的各种艺术,并将那些与生活的必要条件相关的艺术,和那些仅仅是为了自由地享受生活的艺术区分开来时,我们总是认为,精通后者的人比精通前者的人更有智慧,因为后者并不以实用为目的。因此,只有在生活的所有必要条件都得到满足之后,人们才会发现那些既不以享乐为目的,也不以满足日常生活需求为目的的艺术,而这种情况将首先发生在那些人们得以享有闲暇的国家。

——亚里士多德

　　让男孩或年轻人自由享受生活是不合适的;因为完美的冠冕不属于不完美的人。

——亚里士多德

　　显然,生活的自由享受不仅需要高尚的事物,还需要令人愉悦的事物;因为幸福正是由这两者组成的。

——亚里士多德

　　在荷马的时代,希腊人几乎全都致力于追求世俗的生活,他们的教育也主要是实用性的,旨在培养"能说会道的演说家和能干实事的人"。随着文明的进步和更高层次政治形态的发展,某些阶层的人发现自己拥有了闲暇时光,而他们并不愿意将这些时间仅用于娱乐。为了更有意义地利用这些闲暇时间,他们需要接受一定的艺术训练,学习那些被认为适合自由人的艺术。因此,在一些城邦中,教育的范围得以扩展,纳入了那些能够使人们在自由时光中享受优雅与高尚乐趣的艺术——音乐与文法。事实上,音乐早在很久以前就已得到发展,它不仅受到专业吟游诗人的推崇,甚至像阿喀琉斯和帕里斯这样的王子也热衷于此。然而,他们更多的是为了娱乐和消遣,而非为了生活的自由享受。音乐被视为一种手段,而非目的。在研究希腊人的生活和教育时，我们必须注意，不要将为了工作而进行的娱乐和消遣，与作为生活的目的本身的自由享受混为一谈。自由享受本身就是目的，而所有的工作只是实现这一目的的手段。须知，"享受即生活的目的"。随着探讨的深入，我们将看到这一区分会产生多么重大的影响：它不仅影响了所有的教育，还决定了生活中的一切制度，并最终导致了它所塑造的整个文明的瓦解。可以说，希腊之所以灭亡，是因为它将生活的目的定位于个体的审美享受，而这种享受只能为少数人所享有，也只关注少数人。

在古代的希腊，音乐逐渐成为每个自由人教育中不可或缺的一部分，甚至自由女性也学习音乐。与音乐相伴的还有诗歌，而当诗歌被记录下来时，它就被称为"文学"。随着每个自由人都成为自己的吟游诗人和史诗吟诵者，职业的吟游诗人和史诗吟诵者逐渐消失了。为了防止《荷马史诗》被遗忘，一位开明的僭主——庇西特拉图将其记录下来。希腊人中，最早需要为闲暇时光提供教育的，是伊奥利亚族，尤其是该族中居住于亚洲的那部分人。因此，我们发现，所有最早的音乐家和诗人，无论是教诲诗还是抒情诗的作者，都是伊奥利亚人——赫西俄德、特尔潘德、阿里昂、阿尔凯奥斯、萨福、皮塔库斯等。莱斯博斯岛似乎在"高等教育"方面走在前列，后五位诗人都来自该岛。该岛还诞生了最早的希腊历史学家和散文作家——赫兰尼库斯。然而，尽管伊奥利亚族最早进入这一领域，但他们很快就被其他两个民族——多利安族和爱奥尼亚族超越了。伊奥利亚人的教育和文化从未超越音乐和抒情诗的范畴，他们并不了解戏剧、科学或哲学。

继伊奥利亚族之后，多利安族和爱奥尼亚族几乎同时崛起，但是他们呈现出两个截然不同的发展方向。多利安族借鉴了伊奥利亚族的抒情诗教育与文化，并培养了几位杰出的抒情诗人——提耳忒俄斯、阿尔克曼、伊比库斯、斯特西克鲁斯。不仅如此，他们还在科学、哲学和戏剧诗歌领域迈出了第一步。毕达哥拉斯、埃庇卡摩斯、索弗龙、克塞纳库斯和苏萨里翁都是多利安人。然而，多利安族严格的政治制度压制了个人的积极性和主动性，使整个民族陷入了停滞不前的状态，从而阻碍并最终扼杀了这个民族的进步。

与此相反，爱奥尼亚族借鉴了伊奥利亚族和多利安族的成果，并发展出越来越自由的社会制度,进而将其教育和文化推向了一个人类历史上鲜见的高度。但是,爱奥尼亚族停止发展并开始衰落的原因,恰恰与阻碍多利安族文化教育发展的原因截然相反:被错误地称为"自由"的过度的个人主义导致了爱奥尼亚族的衰落,也就是说,个人主义毁掉了雅典。

尽管教育在希腊不同民族中呈现出不同的形式,但在"旧教育"时期,这些形式似乎都具有某些共同特征,其中有两点值得关注。

第一,各地的教育都是国家政治的一个分支,而国家本身则是最高级别的教育机构。无论是斯巴达的公立学校,还是雅典的私立学校,都是如此。公民身份在希腊所有地方都意味着一种资格,而这一资格只有在通过严格的考核后才能被授予(授予对象主要限于自由公民的儿子)。

第二,各地的教育的阶段或等级都是相同的。但是,每个地方的教育年限或时间可能并不统一。希腊的教育通常分为如下几个阶段:第一阶段通常从孩子出生起到七岁结束,这是家庭教育阶段;第二阶段从八岁开始,到十六岁,或在更常见的情况下,到十八岁结束,这属于学校教育的阶段;第三阶段从十七岁或十九岁开始,到二十岁结束(在斯巴达则是三十岁),属于大学教育,或公民职责教育的阶段;第四阶段在二十岁(或三十岁)之后,也属于大学教育阶段。这一阶段由国家对公民开展教育,而国家是当时唯一的大学。在第三阶段开始时,年轻人需要参加第一次国家层次的考试,如果顺利通过,就可以获得"见习公民"的资格;然而,只有从第四阶段开始并且通过第二次国家考试之后,他们才能获得"正式公民"的资格,并被允许行使自由人的所有权利。此时,国家成了他们真正意义上的"母校"。

在大多数城邦中,这种分级教育仅限于男性,女性的教育则止步于第一阶段,即家庭教育阶段,因为家庭被视为女性唯一的活动领域。然而,斯巴达以及底比斯的情况并非如此。因此,只有在伊奥利亚族和多利安族中,才出现了一些著名的女诗人,如萨福、科琳娜、泰莱西拉。尽管家庭被视作女性的生活范围,且她们只要能胜任妻子、母亲和女主人的角色,就被视为履行了自己的职责,但是,并没有任何规定阻止她们接受更高层次的教育——如果她们选择这样做的话。虽然女性很少选择接受高等教育,但雅典人中也出现了一些博学的女性。据说,修昔底德的女儿在其父亲去世后继续编写他的历史著作。无论这一说法是否属实，这一传说的存在本身就表明，女性撰写历史并非不可能，也不是什么令人惊讶的事情。

第二章　伊奥利亚或底比斯的教育

赫西俄德是大多数人的老师。

——赫拉克利特（希腊哲学家）

当你死去,你将长眠于地下,

从此以后,甚至永远,

你的记忆也将不复存在,

因为你未曾分享皮埃里亚的玫瑰;

即便在冥府的大厅中,

你也只能作为一个惊恐的阴影,

与那些幽暗的亡魂一同游荡。

——萨福（古代希腊的女诗人）《致一个没受过教育的女人》

哪个乡村的粗野姑娘能打动人心,

若她连卷起裙摆露出脚踝这样的礼仪都不懂?

——萨福

伊奥利亚族似乎是希腊各民族中最早在文化上取得显著进步的。伊奥利亚人声称荷马来自他们这个民族,尽管这一说法难以成立,但他们确实诞生了赫西俄德、大多数重要的抒情诗人和女诗人,以及第一位历史学家。伊奥利亚人曾一度有望引领希腊文化,但是最终未能实现。在希腊历史的鼎盛时期,伊奥利亚人是希腊人中最缺乏文化和教养的一支,他们甚至以粗俗的言谈举止为荣。在希腊为捍卫文化与自由而与波斯展开的光荣战斗中,作为伊奥利亚文化主要中心的底比斯人却站在了野蛮人的一边——这实际上倒也是自然的。

当然,底比斯的教育反映了底比斯人的性格,实际上也反映了伊奥利亚人的性格。底比斯人的主要课程与希腊教育的一般课程是一样的,即体育和音乐。但前者仅用于竞技目的，后者则主要在宴会和酒会上表演，这正是伊奥利亚人的主要乐趣所在。和斯巴达一样，底比斯人也很少学习文法，而且当地人的语言也很生硬，缺乏音乐感。高等教育在这里几乎无迹可寻，智者学派也没有诞生在伊奥利亚人的土地上。即使出生在底比斯且真心热爱祖国的品达，也是在其他地方，而非自己的民族中获得了认可，他甚至没有用自己的方言写作。

伊奥利亚人之所以落后，是因为他们作为一个征服者，生活在一个除了武力之外，各方面都优于他们的民族中，所以他们只能靠蛮力来维持自己的优势地位。当这一切都失败后，从未忘记卡德摩斯及其古老传统的被征服的民族站了出来，教育和文化在底比斯出现。毫无疑问，正是由于政治条件变化导致的对文化的需求，促使一些分散的毕达哥拉斯学派成员到底比斯避难，并在那里从事教育工作。这些人当中有菲洛劳斯和吕西斯，后者很可能就是著名的《金言》的作者。但吕西斯的名声远不止于此，因为他是希腊有史以来最勇敢、最可爱的伊巴密浓达的老师。

如果一个崇尚教育的力量的人希望找一个杰出的榜样，支撑自己的观点，那么没有比伊巴密浓达更合适的例子了。因为，毫无疑问，伊巴密浓达从年迈的吕西斯那里接受了毕达哥拉斯学派认真的、系统的、与宗教和道德有关的训练，他视吕西斯为父亲，认为是吕西斯成就了他，使他能够建功立业，让底比斯成为希腊诸城邦之首。底比斯的兴衰与伊巴密浓达紧密相关。但是，事情还远不止于此，正是伊巴密浓达的榜样点燃了马其顿腓力大帝的野心，他在伊巴密浓达的统治下接受教育，他的儿子亚历山大也是如此。毕达哥拉斯、吕西斯、伊巴密浓达、腓力、亚历山大——在这短短五代人的时间里，一位对学生谆谆教诲的教师征服了整个世界！

从伊巴密浓达的时代起，底比斯开始沿袭希腊教育的普遍模式。

第三章　多利安或斯巴达的教育

去吧,告诉斯巴达这个过客,

我们服从它的法律,躺在此地。

——西蒙尼德斯((古希腊抒情诗人)

《在特莫皮莱阵亡的三百人墓志铭》)

拉栖代梦人(斯巴达人)值得称赞:因为他们极为重视青年的教育,并将其作为一项公共职能。

——亚里士多德

通过严格的训练,拉栖代梦人将他们的孩子训练得看起来像野兽一样,他们认为这样尤能增强孩子们的勇气。

——亚里士多德

这些人在教育和哲学方面落后太多了,甚至连字母都不会。

——伊索克拉底(雅典爱国演说家)

老人们:我们曾经是强壮的人(青年)。

男人们:我们现在也是,看呀。

年轻人:我们将更胜一筹。

——斯巴达赞歌

他们不需要号角的声音,

来点燃他们高尚的灵魂;

多利安的芦笛和斯巴达的竖琴,

为自由的子孙而鸣!

他们平静地走向战场,

从此再未归来;

他们要么带回斯巴达的盾牌,

要么骄傲地躺在上面!

——赫曼斯(英国诗人)

　　（斯巴达）有一条法律规定，见习公民必须每隔十天在监察官面前裸体亮相。如果他们的体格结实强壮，看起来像是经过了体操的雕琢和锤炼，他们就会受到表扬；但如果他们的四肢显示出任何松弛或柔软的迹象，或者由于懒惰而产生轻微肿胀或脂肪堆积，他们就会当场受到鞭打和惩罚。此外，监察官每天都会对见习公民的衣物进行严格检查，以确保一切都符合标准。在拉栖代梦，除了肉食厨师外，不允许有其他类型的厨师存在，任何懂得其他烹饪技艺的厨师都会被驱逐出斯巴达，就像为病人开药一样。

——埃利安

　　每一种合理的教育体系都或多或少由一些有意识地设定的目标或理想所决定。多利安人，尤其是斯巴达人的目标可以用"坚强"这个词来表达。"坚强"在个人身上表现为身体的耐力，在国家层面则表现为自给自足。一个自给自足的国家为它所有公民的所有活动和抱负提供场所，并要求他们做出最坚定、最执着的努力——这就是多利安人的理想。不难看出，多利安教育要培养的美德是体魄、勇敢和服从国家法律。在多利安人眼中，个人要完全融入公民这个身份之中，国家就是一切。

　　多利安人的理想主要在克里特岛和斯巴达得以实现。这两个地方在古代被奉为是管理良好的城邦的典范，柏拉图甚至让他的《法律篇》的主要内容从克里特人的口中说出。关于克里特教育的细节我们了解甚少，但是我们知道两件事：（1）人们认为斯巴达教育的创始人莱库尔格斯的许多思想来自克里特岛；（2）克里特教育尽管严格，但其最终结果却是使人士气低落，这也是所有将人与公民融合在一起的教育的共同点。与梭伦同时代的诗人埃皮缅尼德斯引用了圣保罗的一句名言概括了克里特人的特点："克里特人都是骗子、道德败坏的人和懒惰的人。"

　　由于我们掌握的关于斯巴达人教育的资料要丰富得多，因此我们可以选择斯巴达作为多利安人教育的典型。

　　伯罗奔尼撒的多利安人与被他们征服的、文明程度较高的民族频繁接触，渐渐地，多利安人失去了使他们变得强大的严明纪律和不容置疑的忠诚。到公元前九世纪，多利安人开始变得像一盘散沙，他们在两个城邦中都被当地居民——阿尔戈斯人和麦西尼亚人——同化了。同样的过程也在第三个城邦斯巴达迅速发生。此时,被爱国热情点燃的莱库古决心通过恢复古老的多利安军事纪律来结束这一局面。为了完成这一任务,他访问了克里特岛,研究了那里的制度。回国后,莱库古说服他的同胞接受了一部"宪法",这部宪法从此以他的名字命名,其中包括一项教育计划,目的是对所有自由公民(包括男性和女性)在身体耐力,以及对国家的绝对服从方面进行彻底的训练。前者通过严格且通常残酷的体育系统来完成;后者则通过音乐和舞蹈(包括军事训练)来实现。斯巴达的教育仅限于体育和音乐两个领域,他们的文法教育则仅包含最基本的内容。因此,斯巴达从未产生过诗人、历史学家、艺术家或哲学家。甚至其合唱团的编曲者也是外邦人——提耳忒俄斯、特潘德、阿里昂、阿尔克曼、塔勒塔斯、斯特西克鲁斯。

斯巴达的教育不过是为了完成对斯巴达公民的培训,因此我们在介绍斯巴达教育之前,有必要先介绍一下斯巴达这个城邦。

斯巴达的政府掌握在一个封闭的贵族阶层手中,政府的唯一目标是维护自身的至高地位,以对抗外敌、佩里奥伊科伊(即被剥夺公民权的本地居民),以及希洛特(即本地农奴)。为了确保这一点,他们组建了一支常备军,并实行严格的军事化管理。斯巴达实际上是一个军营,是这支常备军唯一的居住地,所有的自由居民都是士兵。尽管自由民都会被要求结婚,但他们在城市中并没有自己的家。男人以及七岁以上的男孩都要住在军营中,并在公共食堂用餐。女性唯一被认可的功能是为国家提供公民,因此对女性的教育也完全围绕这一目标展开。除此之外,他们对女性没有任何其他的美德要求。亚里士多德告诉我们:"她们生活在各种挥霍和奢侈之中。"一妻多夫制在斯巴达很普遍,而且当一个女人失去所有的丈夫时,她常常被迫与奴隶发生关系,以确保她不会辜负自己的政治职责。

在一个以暴力为基础组织起来的社会中,寻找人性的任何美好特质——温柔、体贴、同情、怜悯、仁慈——都是徒劳的。斯巴达人的无情和残忍众所周知。佩里奥伊科伊和希洛特一旦引起当局的不满或怀疑,就会被秘密处死,甚至不用经过任何形式的审判。修昔底德记录了这种残忍行为的一个突出的例子。格罗特在《希腊史》第二卷第376—377页中也记录了这样的事实："在伯罗奔尼撒战争的第八年，希洛特被要求以各种方式开展浩大的军事行动之后，……监察官特别担心他们会发生暴动，想出了一个计策。为了挑出那些最勇敢、最有胆识的希洛特，他们发布公告，要求每一个立下战功的希洛特前往到斯巴达，并承诺给予他们中最优秀的人以自由。于是，大批希洛特前来请求得到这一恩惠，其中有两千多人被批准，正式获得解放。他们头戴花环，庄严地列队绕行神庙，准备开启他们即将到来的自由生活。然而，花环的作用只是将他们标记为祭品。所有这些人都消失了，他们的死亡方式成了一个不可告人的未解之谜。"

斯巴达的教育完全由城邦实施，费用由城邦承担，其目的也是实现城邦目标。在这一点上，它几乎和其他所有的希腊教育体系不同。斯巴达的教育可以分为四个时期，分别对应人的童年、少年、青年和成年时期。

第一，童年时期。斯巴达人的孩子一出生，负责这方面工作的专任官员就会派人对孩子进行检查。如果孩子看起来精力充沛，身体没有任何缺陷，就允许孩子存活，并立即交由国家收养；否则，就将孩子抱到山上，扔到悬崖下。被国家收养的孩子在接下来的七年时间里由他们的母亲照顾，但无疑仍处于国家的监控之下。至于孩子们在这些年里是如何接受训练的，我们不得而知。我们只能猜测，他们所经历的过程与其他希腊儿童大致一样，只是在严格程度上有所不同。关于希腊教育的一般细节将在"雅典"一节中详细讨论，在此暂且略去。

第二，少年时期。斯巴达男孩在完成七年学业后，就会从母亲家中被接到公共兵营里，由国家直接对其进行教育。虽然男孩们由专门的军官将他们分成班和连，并为他们安排训练，负责他们的教育，但男孩们还是要视每个成年人为他们的老师。每当看到男孩做错事时，每个成年人都要及时并且严厉地纠正他们。与此同时，每个男孩都要与某个人建立亲密的关系，而这个人在很大程度上要对他的行为负责；虽然这件事的选择权在当事人手中，但如果没有这种关系，就会被视为男人和男孩的耻辱。据说这种安排经常导致令人遗憾的弊端，但毫无疑问，它很好地实现了斯巴达的目的，因为这相当于为每个男孩配备了一名导师。在这种情况下，导师不可能不善待他，而且导师也有兴趣让他指导的男孩在勇气和耐力方面超越其他男孩。教师对学生的这种友好影响是希腊人在任何时候都深信不疑的，也对他们所有的教育都产生了重要影响。在斯巴达、克里特岛和底比斯，这种影响得到了法律上的承认。斯巴达人把这些导师称为"鼓舞者"，他们的职责之一就是教导其年轻的朋友在任何场合都要举止得体。例如，除非有非常重要的事情，否则不要轻易说话。年轻的斯巴达人就是通过这种方式接受道德教育的，而这种教育也使斯巴达男孩收获了我们今天所谓的"简洁"的言辞。

斯巴达男孩的正规教育主要包括体育、音乐、舞蹈和盗窃。他们的文法教育仅限于少量的阅读、写作和算术；除此之外的一切都被禁止学习。禁止的原因不难解释，因为斯巴达把一切都寄托在其政治力量上，这就涉及两点：（1）自由公民之间的平等；（2）自由公民对斯巴达的利益的绝对忠诚。然而，高等教育会使这两点无法实现。因为教育在人与人之间建立起与军事完全不同的价值区分，并赋予他们有别于国家利益的个人利益。正是出于同样的原因，罗马在其历史上最辉煌的时期，也不允许它的公民接受高等教育，因为高等教育本质上是个人的和世界主义的。

斯巴达男孩的教育大多在露天和公开场合进行，因此他们不断受到挑剔的观众的欢呼或嘲笑，他们的表演不断给观众带来斗鸡般的乐趣。关于不同的"鼓舞者"是否会在自己的孩子身上下注，这一点或许值得怀疑；但他们肯定会尽一切努力让自己的孩子在所有比赛中获胜，而获胜孩子的"鼓舞者"则会收获别人羡慕的眼光。这样做的结果是，许多男孩宁愿在欢呼声中失去生命，也不愿承受被打败的耻辱。由于体育训练的目的是锻炼力量和耐力，舞蹈练习的目的是习得秩序，音乐学习的目的是获取灵感，因此不难看出这些学习必然采取何种形式。我们只需补充一句：多利安音乐得到了古代所有伟大的教育作家的无条件认可，甚至亚里士多德也不例外。但是，亚里士多德对斯巴达的体育训练颇有微词。

斯巴达人的学校教育中只有一门不是公开进行的，那就是盗窃。这种奇特训练的目的是让受训者能够在必要时，潜入那些永远不满的、发动叛乱的希洛特中，充当侦探和刺客。这些刺客的成功程度可以从前述事件中看出来。突破重重困难，成功实施偷窃的行为会受到赞扬；但如果被发现，则会受到严厉惩罚。有这样一个故事：一个男孩宁可让藏在衣服下的偷来的狐狸咬穿自己的内脏，也不愿暴露自己的偷窃行为。

斯巴达的教育在一个方面可以说优于其他大多数希腊城邦的教育，那就是它的教育对象不局限于男性。斯巴达的女孩虽然显然被允许在家中生活，但她们也接受了一系列训练。这些训练与她们的兄弟们的训练非常相似，只是没有那么严苛。她们有自己的运动场，在那里她们学习跳跃、跑步、投掷标枪、掷铁饼、打球、摔跤、跳舞和唱歌；有充分的证据表明，这些运动对她们的体质产生了极好的影响。斯巴达活泼的女孩比雅典温室中的少女更漂亮、更有魅力，这是有据可查的事实。许多斯巴达妇女在成年后仍继续她们的体育和音乐训练，甚至学习驾驭烈马和驾驶战车。然而，如果我们相信亚里士多德的说法，所有这些训练对她们道德品质的影响却并不理想，因为她们既不贤惠，也不勇敢。

第三，青年时期。大约在十八岁时，斯巴达的男孩进入"见习公民"阶段，开始接受专业的军事训练。在接下来十二年里，这就是他们的主要工作。但是，这一工作并不轻松。在前两年，他们被称为"预备生"，专注于学习使用武器和进行轻装侦察。此时，有专门的军官负责管理他们，但每隔十天，他们必须接受监察官对他们耐力的严格考察。谈到阿尔忒弥斯·奥尔提亚的祭坛，保萨尼阿斯说："神命令人们用人血浸染祭坛，于是就有了在祭坛上用抽签的方法选择人进行献祭的习俗。莱库古废除了这一习俗，改为在祭坛前鞭打见习公民，从而使祭坛被鲜血覆盖。在进行这一仪式时，一位女祭司站在一旁，怀中抱着阿尔忒弥斯的木制神像。这尊神像通常很小，重量很轻；但如果鞭打者因某个青年的美貌或地位而手下留情，神像就会变得异常沉重，让女祭司无法支撑。于是，女祭司会责备鞭打者，并宣称自己因他们而承受重负。因此，这尊神像一直享受着人类的鲜血。"在帕特农神庙的浮雕上，这位阿尔忒弥斯手持一捆树枝，与阿瑞斯一起出现在斯巴达的神祇中。到二十岁时，斯巴达年轻人开始接受与实战极为相似的训练。他们吃最粗糙的食物，睡在芦苇上，很少洗澡或散步。他们练习使用重装武器、射击、骑马、游泳、打球以及最残酷的格斗。他们参与复杂而耗体力的舞蹈，其中最著名的是"出征舞"，这种舞蹈要在全副武装的状态下表演。

他们驻守要塞、刺杀希洛特，甚至在必要时上阵杀敌。

第四，成年时期。斯巴达男子在三十岁时被认为已经成年，成为正式公民，并参与所有政治活动。他们都要结婚，但只能偶尔偷偷地探望妻子。有些人甚至在白天从未见过妻子的情况下，就已经有两三个孩子。在不参加实战的时候，他们将大部分时间用来监督年轻后辈的训练，其余时间则在山中猎杀野猪和类似的猎物。和色诺芬一样，他们认为狩猎是最接近战争的活动。

这就是斯巴达为其子民提供的教育。毫无疑问，它培养出了坚强的战士和爱国的公民，但仅此而已，它并没有培养出真正的人。像色诺芬和柏拉图这样的对雅典民主感到厌倦的人，对斯巴达的教育是极为赞赏的。但是，亚里士多德对斯巴达教育的真实价值作出了客观评价。他说："当拉科尼亚人是唯一致力于高强度训练的民族时，他们确实优于其他所有民族；但如今，他们甚至在体育竞赛和战争中也处于劣势。事实上，他们曾经的优势并非源于他们训练年轻人的这种方式，而是因为只有他们才这样做。"即使是色诺芬，在对斯巴达法律高度颂扬之后，也不得不承认，在他那个时代，斯巴达已经从昔日的辉煌走向了衰弱和腐败，尽管他自己的儿子也在斯巴达接受教育。当斯巴达在英勇且富有文化的伊巴密浓达面前倒下时，它并未得到世人的怜悯，它留给世界的不过是一个警示性的例子。

—·第四章　毕达哥拉斯·—

一是一切的原则。

——菲洛劳斯（毕达哥拉斯学派哲学家）

万物皆数。

——菲洛劳斯

一切美德的原则有三：知识、力量和选择。知识就像视觉，我们通过它来思考和判断事物；力量就像体力，我们通过它来忍受和持有事物；选择就像灵魂的双手，我们通过它来伸展和把握事物。

——泰格斯（毕达哥拉斯学派哲学家）

即使在最能充分展示多利安教育特征的斯巴达，他们的教育成果也仅仅是培养出了士兵，而不是自由公民或有教养的人。然而，就其本质特征而言，多利安人的教育代表了希腊人的理想。人们曾多次尝试弥补多利安教育的缺陷，将其与超越地方利益和贵族利益的更高的目标联系起来，以让它更具持久性。其中最早的，而且最值得注意的尝试，是毕达哥拉斯提出的。

毕达哥拉斯这位非凡人物的出生时间似乎是公元前六世纪的前二十五年，他的出生地是萨摩斯岛。尽管他出生在爱奥尼亚人中，但他的家族似乎是阿卡亚人，并且在某种程度上是从阿尔戈利斯的弗利乌斯移民过来的佩拉斯吉人。毕达哥拉斯在爱奥尼亚地区崭露头角后，在中年时移民到大希腊地区，并在当时富庶的阿卡亚殖民地克罗顿定居下来。他移民的原因似乎是厌恶波利克拉底的暴政，这显然使他对爱奥尼亚产生了偏见。至于他是否像后世所说的那样，通过访问埃及、腓尼基、巴比伦等地而获得了他部分著名的学识，这一点尚不清楚。但是，他访问过埃及的可能性很大，并且有充分的理由相信，他通过锡罗斯的斐瑞居德斯了解了腓尼基的神学。与他同时代的赫拉克利特证明,毕达哥拉斯是一位博学的学者。毕达哥拉斯无疑受到了当时在爱奥尼亚流行的物理理论的影响,而他的政治和伦理思想则显然来自斯巴达或克里特岛。

关于毕达哥拉斯在爱奥尼亚的活动,我们知之甚少;但我们或许可以推测,这些活动与他后来在意大利的活动性质相同。在这里,他以神学家、伦理学教师和科学家的三重身份出现。毕达哥拉斯对我们的主要意义在于,他显然是希腊乃至西方世界中第一个试图在国家之外建立独立的伦理制度的人。在这方面,他与先知以赛亚非常相似,后者可以说是教会观念的创始人。毕达哥拉斯的目标似乎是聚集一群弟子,这些弟子应以某些神学或形而上学的观念为指导,在近乎修道院式的严格规则的指导下,努力过一种完美生活。像其他身处不敬、自私、民主的庸俗和无序中的人一样,毕达哥拉斯认为他的时代需要一种道德约束,这种约束应建立在尊重权威和人格的基础之上,需要坚信未来的报应,并通过仔细研究自然的秩序与和谐向人们传授这种思想。他不相信国家有能力成为实现他的目标的工具,于是他开始独立工作,并且似乎取得了显著的成就,吸引了许多南意大利的优秀男女加入他的行列。事实上,毕达哥拉斯的追随者众多,实力强大,以至于他们在多个城市掌握了与政府不相上下的权力,并能利用这些权力推行自己的思想。但是,由于这些原则是极其反民主的,并与当时的时代趋势相悖,毕达哥拉斯学派最终受到强烈的反对和迫害。如此,毕达哥拉斯学派的政治影响力受到重挫,他们的集会也被镇压。但是,毕达哥拉斯的教导并未消失。他的追随者带着他的教诲和人生理想,分散到希腊的各个角落。在接下来的几个世纪中,他们找到了许多高贵的毕达哥拉斯学派同情者——品达、苏格拉底、柏拉图、埃庇卡摩斯等等——经历了多次修正,最终在基督教时代之后,以新毕达哥拉斯主义和新柏拉图主义的形式复活。后来,毕达哥拉斯主义在神秘主义和沉思中迷失了自我,它的追随者变成了消极的苦行者。但是,它最初的形式似乎特别适合培养有活力的行动者和有远见的实干家。克罗顿的米洛,那位无与伦比的摔跤手;塔伦图姆的阿基塔斯,集哲学家、数学家、音乐家、发明家、工程师、将军、政治家诸多身份于一身,以及底比斯最伟大和最高尚的将军伊巴密浓达,他们都是公开的毕达哥拉斯主义者。

我们或许可以用"和谐"这个词来概括毕达哥拉斯教育实践的目标。正如他在物质世界中发现了和谐一样，他也致力于将这种和谐引入个体的内在构成以及人与人之间的关系中。毕达哥拉斯或许可以被视为一种新的世界观的开创者。这种世界观认为，一切善的本质在于秩序与比例，宇宙与人类如此，社会亦如此。这一观点深受理想主义者的推崇，并催生了所有那些以静态完美为特征的，看似能免除个体的责任重负的社会乌托邦构想。自毕达哥拉斯时代至今，这类乌托邦思想始终在挣扎前行的人类面前晃荡。这种根植于希腊思想传统的观念认为，教育的目的是为每个个体找到其应有的位置，并使每个个体在其中有效地发挥他的作用。人因秩序而生，秩序非因人而设。人降生于一个充满秩序的世界，这一点从万物皆存在数与比例这一事实中可以体现。毕达哥拉斯对他的原则非常狂热，甚至将数的学说推向荒谬的极端，将数与现实事物等同；但是，这种狂热并非毫无价值，因为我们的几何学和音乐学正是拜毕达哥拉斯和他的学派所赐。此外，经验必然使他意识到，提出理论是一回事，将其有效地运用于规范人类之间的关系，则是另一回事。为了实现后者，他求助于神圣权威以及轮回转世与来世报应等教义。因此，毕达哥拉斯的教育体系带有浓厚的宗教色彩，这种色彩甚至外显于其追随者庄重的举止与沉静的自持中。

因此，毕达哥拉斯的目标是通过教育和宗教规范达到和谐。然而，毕达哥拉斯认为，只有少数人才能达到这种和谐，因此他精心挑选学生，让他们接受长期的见习训练。沉默、自省与绝对服从是训练的重要内容。这样做的目的是让学生们克服冲动，集中注意力，并培养他们敬畏、反思与深思的能力——这些是一切道德和卓越智力的先决条件。毕达哥拉斯在优先关注学生精神层面的同时，也没有忽视他们的身体。他认为，学生的饮食、服饰与锻炼均须依照卫生与道德的原则，遵从严格的规范。

关于毕达哥拉斯教育体系的具体细节，我们所知有限；但其精神与内核已凝结于所谓的《金句》中。即使这些箴言并非出自毕达哥拉斯本人之手，也必然源自其所处的时代，且与我们对其学说的其他认知毫无冲突。以下为《金句》的直译版本。

《金句》

诸神不朽，依法而立，
首当敬拜，恪守誓言。
地下英灵，应予尊崇，
幽冥之力，亦当恭敬。
孝敬父母，敬重亲戚，
择友须知，德性为基。
言语温和，行为友善，
不以微过，对友生怨，
动心忍性，方得锻炼。
驾驭四欲，口腹之贪，
睡眠欲望，亦须规范。
怒气需消，慎独自重，
践行正义，为人宽容。
诸君归路，皆为死亡，
财富之用，忌挥如泯，
亦勿吝啬，小肚鸡肠。
凡事先思，谋定而行，
每夜入眠，三省言行。
"今日何过？已为何事？何责未尽？"
自旦至暮，诸事自省，
劣行悔悟，善举欣然。
恪守此训，勤思笃行，
助尔迈向，神性之径。
数字"四"者，自然之源，
行动之前，祈神祝愿。
悟透此道，尔将通晓，
不朽众神，与吾凡人，
何以分殊，何以归一。

自然之法，恒常遍在，
不做妄想，不负真理。
戒食某物，净化灵魂，
批评思考，善用头脑。
得失皆安，聚散从容，
天降厄运，泰然承受。
莫生怨怼，常怀忍耐，
为所能为，而后静思。
莫怨命运，辜负良人，
或曰人言，扰我心神。
他人言行，勿烦我心，
己之行事，坚守本心。
三思启动，免蹈愚行，
轻率之举，懦夫所为。
果敢践行，落棋无悔，
未明之事，勤学常问。
喜乐人生，需记养生，
饮食运动，节制平衡，
清净简朴，嫉妒远行。
脱离肉身，飞升成神，
告别凡俗，位列仙班！

毕达哥拉斯的思想体系有六个特征值得注意。（1）全面性。它考虑到了人的全部本质，涵盖身体、灵魂和精神三重维度，统摄情感、理智与意志诸个层面，并全面规范人与神、人与他人、人与自我及自然之间的多重关系。（2）目的性。它许诺以现世幸福与彼岸福祉作为至善生活的回报，赋予道德实践以终极意义。（3）虔诚性。它始终强调神性的帮助对于人性提升的必要性，将神圣维度贯穿于伦理实践。（4）它对科学的观照。它重视以理性洞察万物分殊之本质，以及宇宙统一之根基，将知识视为德性之基。

（5）实践优先，它主张正确行动为正确认知的前提，强调践行伦理对真理体认的基础作用；（6）它相信人的内在神性和可完善性。值得注意的是，这首诗没有提到毕达哥拉斯学派核心教义之一的灵魂转世说，而该学说本可为道德规范提供强大的超验支撑。

该体系不仅深植于后世希腊思想脉络中，甚至辐射至艾赛尼派等异质文化体系——后者融合了希伯来拿撒勒传统与希腊毕达哥拉斯主义，其与基督教的渊源仍有待厘清。至于毕达哥拉斯的思想对伊巴密浓达等政治家的教化之功，前文已有详述，在此不再赘言。

第五章　爱奥尼亚或雅典的教育

现在，让我来介绍一下"旧教育"的场景。那时我正值青春年华，常出正义之言，自律精神也为世人所重。那时，孩子不得妄发怨言，街坊男孩必须穿戴简朴，列队前行，即使冒着大雪，也要前往音乐老师门下学习。然后，男孩们开始排练歌曲，双腿必须并立端正，或高唱《帕拉斯，摧城之女神》，或咏《声震云霄的呐喊》，认真学习父辈们流传下来的旋律。如果有人想要轻佻地效仿弗律尼斯高难度的浮华颤音，他就会被当作侮辱了缪斯女神一样遭到一顿痛打。同样，在体育场上，男孩们必须端坐，膝盖端正向前……晚饭时，他们不能挑最好的萝卜，不能从长辈那里抢走八角或芹菜，不能大肆享用鱼肉，也不能盘腿而坐……年轻人，鼓起勇气，选择我，选择更好的理性，你就会知道如何厌恶公共场所的喧哗，对可耻的事感到羞耻。当有人用粗俗的语言对你说话时，你要怒目而斥；当你的长辈走近时，你要从座位上站起来。不要对自己的父母颐指气使，或者做任何其他有损自己谦逊形象的不体面的事情；也不要冲到跳舞姑娘的家里，以免当你正目不转睛地盯着她的表演时，被姑娘用苹果砸中，有损清誉。也不要跟你的父亲顶嘴，或者讽刺他是雅弗，须知你的父亲是为你筑巢的、庇佑你的老人……然后，你将在体育馆里度过你的青春时光，而不是像现在的年轻人一样，在公共广场上滔滔不绝地说着笑话，或者被拖入诡辩的泥潭当中。你会和好友一起共赴学园，和一些值得尊敬的同龄人一起，用白色的芦苇做冠冕，在散发着菝葜和落叶白杨的香味的闲暇时光里，在梧桐树与枫树窃窃私语的春天里欢呼雀跃。如果你按照我的嘱咐去做，并把心思放在这些事情上，你将永远拥有发达的胸肌、俊美的肤色、宽阔的肩膀和如簧的巧舌。

——阿里斯托芬《云》

在他们的教育制度中，有些城邦努力通过痛苦和艰难的训练，让他们的公民从小就养成了勇敢的习惯，而我们，虽然以自由和自然的方式生活，却随时准备在公平的战场上与他们不期而遇。

——修昔底德《在伯里克利葬礼上的演说》

我永远不会玷污这些神圣的武器，也不会抛弃我队伍中的同伴。我将为神庙和公共财产而战，无论是孤军奋战还是与众人并肩。祖国传到我的手中，不仅不会有寸土失守，而且还会比传给我的时候更伟大、更美好。我将服从任何掌权的地方长官。我将遵守现行法律和公民今后可能一致制定的法律，如果有人试图废除法律或使其归于无效，我将竭尽全力阻止他。我将尊崇我祖先的宗教，我请阿格劳罗斯、恩阿利奥斯、阿瑞斯、宙斯、塔洛、奥克斯和黑格蒙为我做证。

——雅典男青年的誓言

雅典人，你们想想，古代的立法者梭伦、德拉科和当时的其他立法者为培养良好的道德风尚作出了多么细致的规定。首先，他们制定了法律，以确保我们的孩子接受道德教育，并用简单明了的语言规定了自由民的男孩应该学习什么，应该如何培养他；其次，他们为年轻人制定了相关规定；第三，他们规定了人生其他阶段的秩序，包括对公民和公共演讲者的规定；在这些法律确立之后，他们把这些法律镌刻成文，托付给你们保管，并指定你们为这些法律的守护人。

——埃斯基涅斯《控诉提玛尔库斯》

如果要根据教育成果对教育体系进行分类——这也许是最公平的检验标准——那么雅典的"旧教育"就必须被赋予极高的地位。在公元前五世纪初的几十年里，雅典所表现出的品格和所取得的成就，明确无误地证明了雅典公民之前所接受的训练的价值。用"清教徒式"来形容这种训练也许再恰当不过了。在马拉松、萨拉米斯和普拉塔厄战斗过的人，都是清教徒精神的典范。他们在艰苦的学校训练中学会敬畏神灵，尊重法律、邻居和自己；他们崇尚经验智慧，鄙视安逸和罪恶，恪守诚实劳作。他们的精神没有因为审美教化而颓废，没有因抽象思维而钝化，也没有因专业训练而僵化。他们受教育的目的是成为人、朋友和公民，而不仅仅是思想家、评论家、军人或逐利之徒。波斯大军败于如此一小部分精英之手，实非偶然。

雅典的这种"旧教育"自然会让我们特别感兴趣，因为它似乎在很大程度上解决了每一个真正的教育家和教育倡导者最关心的问题：如何才能培养出刚毅、睿智和善良的人？出于这个原因，同时也因为与其他希腊城邦相比，我们更了解雅典的教育制度，因此我们似乎应该对雅典给予特别关注，将其视为希腊教育的先驱。事实上，希腊教育中任何有永久价值的东西都可以在雅典的教育体系中找到，其他教育体系对我们来说主要只是出于一种历史考辨的兴趣。

在比较雅典与斯巴达的教育时，我们会立刻发现两者的巨大区别：（1）斯巴达的教育是公共的，而雅典的教育主要是私人的；（2）斯巴达的教育是为了战争，而雅典的教育是为了和平。就前者而言，尽管包括柏拉图和亚里士多德在内的许多希腊最早的思想家都主张实行完全的公共教育，但雅典却从未开展过这种教育，甚至没有朝着这个方向做过任何努力，这一点并不令人感到奇怪。雅典人似乎本能地感到，社会化的教育免除了父母教育子女的责任，从而消除了他们强大的道德影响，破坏了家庭，也危害了自由，斯巴达的例子或许就是这一危害的警示。没有一个像雅典这样热爱自由的民族会同意把家庭并入国家，或者为了公共秩序而牺牲私人生活。至于两者教育的第二个区别，就是这两种教育在两个民族之间划出一道难以逾越的鸿沟，并将他们归入两个不同的文明等级。这一点，两个民族完全清楚。斯巴达以镣铐锁缚的战神阿瑞斯为精神图腾，雅典则以无翼胜利女神像（雅典娜化身，象征政治智慧与生产技艺）为理想寄托。斯巴达追求的是力量，雅典追求的是智慧——既求智者在个体层面的完满，亦求智者城邦在整体层面的和谐。所谓智者，指的是身体、灵魂和思想全都得到了相称的和协调的发展的人；所谓智者城邦，指的是各阶层各司其职、各安其位，无需强权维系秩序的城邦。如果说斯巴达人像被驯服的蛮族一样，服从统治和命令，那么雅典人则像自然文明人一样，崇尚由内而外的自由生活方式。雅典教育的目的就是让这种生活成为可能，它不是要把人与国家合二为一，也不是要把二者割裂开来，而是把二者视为必要的关联，并努力平衡二者的诉求。

雅典努力在社会化和个人主义之间寻求一条中间道路，这一点从以下事实中可以看出:虽然雅典没有公共教育体系,却以制度精神严格规范公民教化,甚至将教育程度作为授予公民资格的先决条件——公民权犹如经严格考核方能获得的学位。根据梭伦的法律,父母如果没有让孩子接受适当的教育,那么在他们晚年时,就会丧失要求子女赡养他们的权利。此外,雅典要求所有男性公民在承担民事与军事职责前,必须接受系统的职前训练。雅典的教育分为四个等级:(1)家庭教育;(2)学校教育;(3)体育馆(学园)教育;(4)城邦教育。我们将依序详述。

一、家庭教育

雅典人认为孩子的出生是一件喜事,需要感谢神灵。通常在孩子出生后的第七天,雅典人会举行一个名为"绕灶礼"的家庭仪式。在这个仪式上,人们抱着孩子快速绕着家庭祭坛转圈,为孩子取名,然后向神灵献祭,为孩子母亲行净礼,并展示洗礼礼物。至此,孩子成为家庭的一员,受神灵保护。

在接下来的七年里,孩子完全由父母和保姆(多为奴隶)照顾。在这段时间里,孩子主要以强健体魄为要务。孩子没有摇篮,他们在保姆膝头听着歌谣入睡。在断奶期间,孩子吃牛奶和加了蜂蜜的软食。孩子一旦能够行走并关注外物时,就会得到一些玩具,如拨浪鼓、陶土玩偶或蜡制玩偶、木马。孩子还可以在沙地上打滚嬉戏,这就是最早的体能训练。至于其他方面的教育,主要是让孩子唱歌,听关于神和英雄、怪兽和强盗的故事。希腊神话中这样的故事比比皆是,这些故事既激发了儿童的想象力,又潜移默化地塑造了他们的审美取向、道德观念和民族认同。虽然为了纠正儿童的不良习惯,父母经常会吓唬他们说怪兽会将他们抓走,但是雅典家庭教育的核心显然是严格的纪律。雅典父母的首要任务是确保子女的良好行为。虽然父母也不喜欢严厉的惩罚,但他们笃信"不打不成器"。孩子从来不会因为他们的早慧或轻佻之举而受到表扬或称赞,也鲜少出现在成人场合。当有必要让孩子面见长者时,大人会教导其要安静守礼。古希腊文献中未见对雅典儿童稚行的记录,足见其教养之端正。

虽然雅典并没有现代意义上的幼儿园,但孩子的日常嬉戏(至少部分嬉戏是在看护人的监护下进行的)在很大程度上填补了对孩子进行早期启蒙的空白。游戏在希腊人尤其是雅典人的生活中扮演着非常重要的角色。人们充分认识到游戏在儿童教育中的重要性，并对游戏给予极大的关注。游戏最能展露儿童的性格，并且儿童的性格在游戏中更容易受到潜移默化的影响。由于人们的幼年时期都是在游戏中度过的，而这一时期正是性格形成的关键期，因此需要对儿童的游戏给予审慎的引导。在游戏中，孩子不仅强健了体魄，激活了心智，还学会了公平处事，感受到与朋友结伴合作和友好竞争所带来的快乐。此外，由于游戏本身并无其他功利目的，所以游戏其实是让人们进行自由、无私的活动的绝佳训练方式，也可帮助人们防止自私卑劣的养成。雅典人对游戏的上述益处有充分的认识。

我们这个时代的孩子玩的游戏可能在古希腊、雅典已然存在。不过，与我们相比，那时的游戏似乎更为系统，人们对游戏的教学价值的认识也更加深刻。像奔跑、跳跃、单腿跳、接球、击球、投掷游戏等体能游戏，球类、陀螺、吊环、秋千、跷跷板、跳绳、羊距骨（一种投掷游戏）等竞技类或博弈类游戏，在古今皆有，只是古代没有纸牌游戏。此外，古希腊虽然有博弈游戏，但似乎很少有儿童沉溺于此。男孩和女孩的游戏各有不同，女孩的游戏较男孩的游戏更为温和。此外，城市里的孩子因活动范围受限，他们的游戏与乡村儿童的游戏也有很大差异——在乡村，孩子几乎可以完全自由地在旷野徜徉。我们须知，雅典多数富裕家庭一年中的大部分时间都是在乡间别墅里度过的，这些别墅离城市很近，甚至步行一天就能到达。这种乡村生活对雅典儿童的教育产生了深远的影响。

二、学校教育

雅典男孩年满七岁时，其名字会被登记在阿波罗神庙的名册上，成为一名准公民。随后，他将去往两所学校就读，一所是音乐学校，另一所是体育学校。往返学校期间，通常会有教仆（通常为奴隶）随行，教仆负责帮男孩背负书写工具、里拉琴等物（因无课本可背）。男孩必须服从教仆的安排。每日清晨，同街区的男孩们会在指定地点集合，像小士兵一样整齐地步行前往学校。即使在最寒冷的天气，他们也仅着单衣。此外，他们在街上行走时也必须做到举止端庄。男孩们在学校的时间很长，通常从清晨持续到傍晚。为此，梭伦发现有必要制定一项法律，禁止学校在日出之前或日落之后开放。由此看来，七岁以后的男孩整天都在学校度过，他们很早就脱离了母亲和姐妹对他们的影响，这对他们的道德塑造产生了一定的影响。

关于雅典的学校生活，有几个有趣的地方，但是碍于资料太少，我们产生了一些疑问。例如，虽然我们很清楚雅典没有公立教育系统，但我们并不知道雅典是否拥有校舍。同样，音乐（包括文法）和体育是否在同一地点教授也不确定。第三，我们对音乐和体育两个学科的学时和教授顺序也存在疑问。关于这些问题，我只能说明我认为的最有可能的情况。

关于校舍，《雅典政制》记载称："民众为自己建造了许多体育场、更衣室和浴室，大众比少数富裕阶层更容易享受到这些设施。"如果我们假定有一些体育场是为男孩开设的（我们显然有权这样做），那么我们就必须得出这样的结论：体育场，即使不是全部，至少也有部分，属于公共建筑，由国家出租给教师使用。与所有大型体育馆一样，其中的一些体育场，甚至可能是全部，都位于城外，并有花园。

音乐学校是否也是如此，尚存疑议，这就引出了我们的第二个问题——这两类课程是否在同一个地方教授。很明显，这两门课不是在同一间教室里授课，也不是由同一个人教授的；但这并不意味着这两门课不是在同一栋建筑里，或者至少不是在同一个封闭的空间里教授的。虽然古代作家似乎没有明确说明这一点，但我认为有足够的理由断定，至少在一般情况下，他们是这样做的。如果我们发现，将系统的"高等教育"引入雅典的安提斯泰尼、柏拉图和亚里士多德，都是在青年和成年男子经常光顾的大型公共体育馆里开办学校的，那么我们肯定可以得出结论——初级的智力教育并没有与体能教育分开。在柏拉图的《吕西斯篇》中，苏格拉底遇见几位青年正从城墙外的体育场走出。他们邀苏格拉底入内，并告知苏格拉底，他们的日常活动多为论辩，他们的导师是米库斯。苏格拉底说他认识米库斯，认为他是一位颇有造诣的"智者"——这一称谓从未用于指代体育教练。步入场内，苏格拉底见若干男孩嬉戏其间，他们刚刚完成了一场祭祀仪式。由此可推断出：智力教育亦在体育场中开展。若此说法成立，我想我们可以得出结论：尽管其他一些城邦的情况肯定不同，但雅典的学校多设于城墙之外。

关于我们的第三个问题，很明显，如果男孩整天都在同一个地方度过，那么相较往返于不同地点，显然更易统筹文法与体育课程的时段分配。虽然两门课程的具体时间划分我们不得而知，但亦可推断，它会在很大程度上受家长观念和时代风尚的影响。从亚里士多德的某些抱怨中可以很清楚地看出，在雅典，父母在这个问题上有很大的自主权。无论如何，鉴于教育机构是全天开放的，分时段授课存在极大的可能性。文法课程进行时，体育训练场所绝非空置。我们有充分理由认为，低龄学童多在早晨练习体育，午后修习文法；年龄较大的孩子的学习顺序则与此相反。至于课业与玩耍时长的比例，虽难考证，但我倾向于认为，玩耍的时间至少和学习课业的时间一样长。一般来说，年龄较小的男孩在上午进行体育锻炼，下午接受智力教育，而年龄较大的男孩的顺序则相反。学校对男孩的意义就像市集和体育馆对成年男子的意义一样，是他们度过大部分时光的地方。

在我们分别讨论雅典教育的两个分支之前，可以先提一下它们的一些共同点。首先，它们有一个共同的目的，就是培养独立而又尊重他人，热爱自由而又遵纪守法，身心健康、思维清晰、行动敏捷，忠于家庭、祖国和神灵的人。与罗马人的做法相反，雅典人试图让他们的儿子在尽可能小的年龄就成为独立的公民。其次，这两类教育所利用的动机是相同的，即人们害怕惩罚和希望回报的心理。正如我们所看到的那样，雅典男孩如果表现不好，就会受到棍棒的惩罚。当他们做得好时，就会得到毫不吝啬的表扬，还会有实质性的奖励。在希腊，教育和其他一切事物一样，采取竞争的形式。荷马曾写过这样一句诗："尔当永远卓越，超群拔萃。"这句诗也是雅典人的座右铭。第三，这两类教育的主要目标都是开发人的能力，而不是进一步获得知识。在当时，单纯的学习和执行命令通常是被鄙视的，人们普遍推崇的是智慧和能力。第四，这两类教育都极其关注学生的行为举止，力求让学生的言行温和、庄重、理性。第五，这两类教育都是为了让人们能够有价值地、社交性地利用闲暇时间，同时也为他们在家庭、社会和城邦中履行所谓的实际职责作好准备。希腊人认为，美术为受过教育的人提供了适当的娱乐。

（一）音乐（和文法）教育

虽然希腊语中的"音乐"一词在后来有了更广泛的含义，但在我们所讨论的时代,"音乐"一词只包括我们现在所说的器乐演奏和诗歌,二者在当时并没有分开。直到公元前422年,阿里斯托芬仍可借戏剧《云》中的人物之口,挪揄天文学与几何学教育"远离人间烟火"。那时的诗歌以荷马和赫西俄德的史诗为宗,辅以提尔忒斯、梭伦、狄奥尼斯等人的挽歌,阿基洛科斯、西蒙尼德斯等人的抑扬格诗,以及众多抒情诗人,如特尔潘德、阿里翁、阿尔凯乌斯、阿尔克曼、萨福、西蒙尼德斯的歌谣。彼时的音乐非常简单,旨在烘托诗意。事实上,音乐和诗歌总是一起创作的,因此诗人也必然是音乐家。希腊音乐中没有我们所说的"和声"这个概念,器乐几乎完全限于独奏。

论及雅典乃至整个希腊的教育体系时,我们必须认识到,其智育与德育的根基皆始于音乐与诗歌。这种艺术形式构成了雅典教育体系的核心,决定了它的特质、影响力与精神追求。所谓"文化"(与自然相对),正是雅典智力和道德教育的载体——此处所指的"文化"并非散文中阐述的文化史论,而是熔铸于以音乐为纽带的诗歌理想与形式中的文化本身。它既能唤醒激荡意志的情感,又可激发指引行为的智慧。

雅典人以本族伟大诗人的作品为教学的素材,达成了其他单一手段难以企及的多重教育目标。事实上,古希腊诗歌本身便具备完整教育体系所需的特质:完备的形式、英雄故事与传说、时空交错的叙事、男子气概与悲怆情怀、质朴的语言、虔诚的智慧、对律法和秩序的敬畏,对个人主动性和价值的颂扬。在循循善诱的老师的引导下,这些诗篇为完整的教育提供了我们这个时代也无法比拟的素材——它不仅传授伦理规范、政治智慧、社交礼仪与人文修养,更包罗地理知识、语法训练、文学批评与历史认知。这些诗歌的想象力为希腊少年打开了一扇通往健康明朗的自由世界之门,树立起崇高的人格典范。赫西俄德教会他们理解诸神与人类的联系;哀歌诗人传递人世的智慧,点燃爱国热忱;讽刺诗人引发对卑劣与暴政的批判;抒情诗人则教会他们心灵共鸣的诗性表达。

通过朗诵吟咏这些诗篇,人们的语言凝练度、诗歌感知力与韵律敏感度得以全面提升。人们的记忆中充盈着德性典范与警世格言,精神血脉里深植着民族品格与价值理想——这种文化浸润甚至在文字普及前已然实现。书写技术的引入开启了教育的新纪元：孩子们不仅背诵荷马史诗、吟唱西蒙尼德或萨福的诗歌，还通过听写训练，同步掌握读写技能。事实上，阅读和写作这两种基本技能就是这样习得的。孩子们用手指在沙土上描画字母，用铁笔在蜡版上刻写诗句，今日的书写课便是明日的朗诵课。每个学生都有自己的读本，如若字迹潦草、读本难以辨认，导致诵读时磕磕绊绊，那只能怪他自己。雅典社会极其重视朗诵、演说与吟唱技艺，三者俱佳者方称得上是有文化之人。文化素养的缺乏是无从掩饰的，因为青年无论在私人聚会还是公共场合，都需随时展示其文艺修养。

这一时期严格意义上的音乐教学几乎完全采用质朴刚健的多利安调式，以近似现代吉他的里拉琴或基萨拉琴伴奏。复杂的管乐器在当时尚未流行，而柔美激昂的音乐，如吕底亚琴、弗里吉亚琴还没有被引入教育领域。职业乐师通常是奴隶或外邦人，雅典自由人并不追求如职业乐师般的高超演奏技巧，因为他们认为这完全不符合自己自由人和公民的身份。雅典人虽然喜欢艺术，但他们始终认为，除了诗歌和音乐创作之外，任何需要专业训练的艺术造诣都会有损自由公民应有的尊严。一个体面的雅典人不会允许自己的儿子成为职业音乐家，就像他不会允许自己的儿子成为职业杂技演员一样。

我们很难理解希腊人是如何看待音乐的。尽管他们的音乐技法远逊于今，但音乐却对希腊人的生活产生了超乎我们想象的影响。他们认为音乐具有神性的力量，它既能激发情感也能平复情感，因而可能成为向善或致恶的工具。无怪乎他们在教育中寻求使用那些有助于实现"净化"功能的音乐类型，极力避免煽情柔靡之音；始终坚持音乐必须与诗词的智性内涵结合，反对将其降格为纯粹的感官享受。希腊人认为音乐不是一种道德力量（因道德关乎自由意志），它只是通过净化和协调人的心灵，为道德教化奠定基础。他们认为，音乐首先通过平息人内在的激情与理性的冲突，通过给人本身带来和谐，促成人与人之间的社会关系的和谐。他们认为，内心的和谐是外部和谐的必要条件。

在我们所讨论的那个时代，还没有对音乐和文法教育作出区分，两门课都由基萨拉琴教师教授。事实上，当时还没有出现"文法教师"一词。但基萨拉琴教师不仅教授文法,还教授算术。教算术的工具是鹅卵石、沙盘或类似台球计分器的算盘。鉴于当时使用的极其笨拙的数字符号系统,这是一件难度不小的事情。

雅典的校舍极为简朴,与其说是教室,不如称其为敞廊。事实上,那时的教室还不是现代意义上的封闭空间。教室里几乎没有桌椅,学生席地而坐或坐于矮阶上,教师则坐在高脚座椅上。矮阶每日以海绵擦洗。教室内唯一的装饰是缪斯与阿波罗的雕像。学校的节日或庆典本质上是纪念神明的节日,学生们会在最重要的"缪斯节"诵诗咏歌。

（二）体育（或体操）教育

古希腊语境中的"体操"通常包含与身体训练有关的一切东西。雅典人试图通过这种教育达到健康、强健、灵巧、从容、自在、坚定、端庄等目标。少数立志参加奥林匹亚等重大赛会的少年,可在城邦管理的公共体育馆接受专业教练的竞技训练,但这些都是特例。与底比斯、斯巴达将运动员奉为榜样不同,职业运动员身份并不是雅典人的理想选择。

体操训练主要在两个场所进行:用于摔跤练习的体操馆,以及有专业教练指导的赛跑训练场。早期的训练场只是一块铺满沙子的空地,常与学校相连,类似现代的操场。后来逐渐增设更衣室、浴场、观众席、祭坛与雕像等设施。男孩们接受的五项传统训练中,除摔跤之外,均在赛跑训练场进行,因此也就有了"操场"一词。训练场通常从市集广场延伸至城墙外,部分训练场可能未设专属跑道。如同教室里装饰阿波罗与缪斯的神像一样,训练场内也竖立着赫尔墨斯(象征敏捷)、赫拉克勒斯(象征力量)与厄洛斯(象征少年情谊)的雕像。赫尔墨斯是体操馆的守护神,因此在"赫尔墨斯节"期间,会举行祭祀仪式,少年们获准在馆内竞技、游戏,优胜者会头戴桂冠。

限于篇幅,我们无法详尽描述雅典体育训练的所有项目,但亦可勾勒出其整体框架。首先需要说明的是,古希腊的体育训练遵守循序渐进的原则,随着儿童体能的增长逐步提升训练强度。

诗人西蒙尼德斯的诗中记载的五项体育运动依次为跑步、跳跃、铁饼、标枪和摔跤。以下分述其要。

（1）跑步。

这是最简单、最轻便、最原始的运动，跑步是最容易教授的，也可能是最古老的运动。荷马让他理想中的费埃克斯人以跑步开启竞技，这种做法似乎在整个古代都很普遍。在做这项运动时，男孩们要脱掉所有的衣服，用油擦拭身体，在细沙跑道上进行纯粹竞速（无跨栏、袋跳等花样）。同时，由于赛道上覆盖着深达几英寸的软沙，跑步变得十分困难。根据赛程长度，跑步比赛可分为四类：① 单弗隆跑（弗隆为古英语中的长度单位，表示赛马途程距离。1 弗隆约等于 201.168 米或 1/8 英里）；② 双弗隆跑；③ 赛马跑（长度为四弗隆）；④ 长跑（长度约为 24 弗隆或 3 英里）。短跑锻炼爆发力，长跑磨砺意志，所有跑步比赛皆可增强心肺功能。

（2）跳跃或跳远。

这项运动似乎以立定跳远为主。虽然跳高和撑竿跳应该已为人知晓，但未见其用于男孩们的体育训练。这两项运动可能是出于健康方面的原因被禁止推广。另一方面，人们教男孩们用重物来延长他们的跳跃距离，这种重物有点类似于我们的哑铃。男孩们手持重物，在跳跃时向前挥动。通过摆臂动作，既锻炼了手臂，也锻炼了腿部和身体的其他部位。但是，就像上述两种主要针对腿部的运动一样，也有两种主要针对手臂的运动——投掷铁饼和标枪。

（3）铁饼。保存在罗马的米隆雕塑《掷铁饼者》的复制品，以及现存于梵蒂冈的阿尔卡梅内斯的作品，为现代人重现了掷铁饼这项运动的标准技法。铁饼通常是一块扁圆形的石头或金属，中间没有孔。阿尔卡梅内斯的作品向我们展示了这样一个场景：一个青年用左手持铁饼，用眼睛测量投掷的距离。米隆的《掷铁饼者》向我们展示了另一个青年的投掷动作：他用右手向后挥动铁饼，身体向前弯曲以保持平衡；他的右脚脚趾用力收缩，稳稳地踩在地上，左脚微微抬起，整个身体就像一张弯曲的弓；下一瞬间，他的左脚将向前迈出，现在放在右膝上的左手将向后摆动，然后身体恢复直立姿势，铁饼像箭一样从右手向前掷出。没有什么能比这尊雕像更清晰地展示希腊体操追求的力量与韵律平衡。任何一块肌肉的移动都会影响其他所有肌肉，这表明体育是全身性的运动。

（4）标枪。

这项练习的目的是培养眼和手的协调性，而不是锻炼肌肉力量。标枪运动使用的是短矛型标枪，投掷者右手将标枪举至耳际高度，校准目标。这项运动比试的是谁能从最远的距离投中目标。

（5）摔跤。

作为五项体育训练的核心，摔跤是唯一需要双人配合的项目。摔跤不仅能锻炼全身，还锻炼人的耐心和脾气。摔跤选手的目的是将对手摔倒。参加摔跤的人要在身上抹油并撒上细沙。除了咬、打或踢对手之外，摔跤手似乎可以对对手做任何动作。在取得胜利之前，他必须将对手摔倒三次。比赛结束后，摔跤手用绳子刮去身上的油和灰尘，洗完澡后再用油擦一遍，把身体暴露在阳光下进行日光浴，之后，在冷水中沐浴。进行日光浴和冷水浴，在一定程度上是为了让身体适应骤热骤冷，因为这种适应被认为是体能训练中非常重要的一部分。

这就是雅典人的主要体育训练项目。到目前为止，我们认为音乐和体育这两个教育分支是分开进行的，彼此没有任何联系。但是，希腊人，尤其是雅典人，并没有割裂地看待这两种教育。事实上，他们通过舞蹈艺术这一最令人钦佩的方式将力量训练与音乐韵律完美融合：少年在笛声的伴奏下演练战舞，用肢体诠释史诗篇章。这种身心合一的训练理念，正是古希腊"健全的心智寓于强健的体魄"的教育观的终极体现。

（三）舞蹈

亚里士多德曾言："舞者通过可塑的形式再现节奏，模仿人物、情感与行为。"色诺芬在《远征记》中记载了帕夫拉戈尼亚宴饮场景，生动地展现了这种艺术形态。他写道，两位色雷斯武士随着笛子的节拍持剑起舞，凌空跃起后佯装击倒对手。当倒地者戏剧性"阵亡"，众人惊呼之际，胜者却高唱西塔尔卡斯战歌退场，"被杀"者实则毫发无损。随后登场的埃尼亚人与马格尼西亚人，则演绎着名为"卡佩亚"的农耕题材舞：农夫扶犁播种，惶惶四顾；盗匪骤然现身，短兵相接；最终或见强盗捆缚农夫、掠走耕牛，或见农夫反制恶徒，将其拴作牛轭。接下来，不同民族的人还表演了其他几种舞蹈。我们所引用的内容足以表明，希腊的舞蹈与我们现在的舞蹈截然不同。

因为希腊的舞蹈就像是哑剧芭蕾般，其中还穿插了一些现实生活的场景，这与我们现代人对舞蹈的认知完全不同。

尽管宴饮舞蹈使用长笛伴奏，雅典学校却严格禁用这种器乐——舞蹈必以里拉琴为伴，琴师吟唱的歌词与舞者动作须互为表里。这种形式完美地融合了智育与体育：舞动间，肢体与心灵震颤共鸣，智慧与情感脉动共振，这正是希腊人追求的"优雅"的真谛。体育赋予人强健的体魄，舞蹈则培养人翩翩的风度。正如柏拉图所言，二者如同双翼，共同构筑完整的人格教育体系。

音乐与体育在舞蹈中相遇的事实，似乎证明了前文的推测，即雅典学校的各科教学应该是在同一个区域。在这种情况下，我们可以假设，舞蹈练习可能是在体育馆内进行的，由音乐教师进行现场伴奏。我们知道，雅典合唱队队长是一名公职人员，由公民大会任命，他的年龄必须在40岁以上。无论如何，雅典人的教育以舞蹈为顶点，这一点很奇怪，但想想也完全合乎逻辑。因为正如我们在柏拉图的《理想国》中清楚地看到的那样，合唱团象征着希腊社会生活的理想形态。希腊艺术的巅峰——戏剧，其本质正是酒神颂歌的演化。这种演化表现在将音乐从哑剧中分离出来，将前者分配给合唱团，合唱团不再跳舞，而是以行走的姿态吟唱；将后者分配给演员，演员在表演中加入了对白。希腊人的生活分为三个部分——公民生活、军事生活与宗教生活。音乐和文法是为公民生活作准备的，体育是为军事生活进行的准备，舞蹈则是为宗教生活所作的准备。如色诺芬所言，雅典自由民舞蹈必在"通往神明的仪典中"展示，这使得舞蹈教育天然具有神圣性。

雅典的学校体系尚存两点需要考察：分级制度和假期。雅典学校的分级制度在不同时期可能有所不同；但我们似乎有理由假定，在我们所谈论的那个时代，学校只有两个年级。根据柏拉图《吕西斯篇》的记载，体育馆中的赫尔墨斯节的参与者分为两个级别，第一个级别为七到十一岁的男孩，第二个级别包括十一到十五岁的青少年。至于节假日，雅典学校在重要神祇的祭祀日才会停下所有的事务，这些日子全年大约有九十天。这些宗教节庆既是休憩日，更是实践信仰的教育时间。

三、体育馆(学园)教育

当雅典少年步入十四至十六岁的成年过渡期,其受教育的场所便从隶属于家族范畴的私塾和学校,转向由城邦主导的公共体育馆。在此,他们接受公民教育,为履行立法、司法与军事职责打好基础。尽管孩子的受教育程度取决于他们家庭的意愿与经济能力,但是城邦始终将公民教育视为公共责任。

约公元前 590 年,梭伦执政期间,在雅典城外的丛林中兴建了两座划时代的体育馆:阿卡德米学园和基诺萨吉斯学园。后来,这些学园被高墙环绕,配备了座椅和其他便利设施,成了城市公园。阿卡德米学园坐落在雅典城西北方的凯菲索斯河谷,受雅典娜庇护,专为纯血统公民开放。而基诺萨吉斯学园位于城东的吕卡贝图斯山麓,接纳有外来血统的人(父母仅一方为雅典公民),由象征征服异族的赫拉克勒斯神守护。这两座体育馆(伯里克利时代之前雅典仅有的公共训练中心)在公元前 480 年遭波斯军队焚毁。战后,雅典人重建体育馆并补植树丛。

雅典几乎所有自由民子弟都会进入学园与角力学校接受基础教育,但显然只有富裕阶层的青年才能进入体育馆深造。这种教育分层的结果,是使得城邦的行政权柄完全落入富裕阶层的掌控之中——而精明的梭伦设立公共体育馆的深层用意或许正在于此:无须颁布任何阶级性法令,仅凭教育资源的隐性区隔,便将体育馆构筑成抵御民主浪潮的坚固屏障。

雅典青少年进入公共体育馆学习,就脱离了代表家庭的家庭教师的管理,直接接受城邦的监管。他们自此获得行动自由,可出入广场、街道和剧院(他们在剧院里有自己固定的位置),直观地认知公共生活的运作机理。在体育馆中,专业教练将对这些青年实施为期两到三年的高强度训练,内容涵盖摔跤、拳击等项目。除了必须学习法律之外,青少年不再通过专门的课程获得智识与道德教育。城邦希望青少年通过与在广场、街道或公园等公共空间中遇到的年长公民的接触,完成这方面的学习和社会化过程。因此,在这个被认为是最关键的年龄的时间段,雅典青少年几乎被迫在公共场所过着自由、轻松的生活。他们的生活充满了各式各样的活动和令人兴奋的事件,他们的心智被引导到意志实践中,他们在动态的社会生活中学习道德法律和现实生活方面的实用知识，而这些知识使他们能够更好地适应积极的公民生活。他们的各项技能，如骑马、战车驾驶、划船、游泳、宴饮交际、政治辩论、合唱舞蹈在此阶段臻于成熟。如果青少年滥用自由，做出违法或不体面的事情，负责公共道德的战神山议事会将启动道德审判程序。雅典的青少年除了自己的姐妹，很少与同龄女孩接触，即使接触也仅限于宗教节庆上。因此，雅典青少年主要与其他同龄或年龄相仿的同性青年建立深厚的友谊。这一事实解释了为何友谊不仅在希腊人的现实生活中，而且在柏拉图、亚里士多德等古希腊人的伦理著作中都受到高度重视，而现代意义上的爱情却扮演着如此微不足道的角色。这实质上反映了城邦权力渗透到了家庭——柏拉图的《理想国》不过是雅典社会生活中潜藏理念的合乎逻辑的延伸。青少年在体育馆仍然开展体操训练场上的跑步与摔跤训练，但这类训练升级为负重武装奔跑与激烈的摔跤，并辅以拳击，形成了系统化的五项竞技技能。在十八岁之前，青少年仍属于法律意义上的未成年人，父亲或监护人要对他们的良好行为负责。但在他年满十八岁之后，情况就发生了变化，他将被置于国家的直接控制之下。青少年的成年仪式始于向行政官提送作为独立公民候选人的资格申请。如果他被证明是自由公民的合法子女，并符合法律规定的道德和身体条件，他的名字就会被记入公民名册。之后，他会首次梳起长发，身着公民黑袍，在执政官主持的公民大会上手持长矛与盾牌（战殁者遗孤由城邦配发长矛和盾牌），与其他公民见面。随后，他将前往阿格劳罗斯神庙。在那里，他俯瞰着广场、城市和阿提卡平原，宣读梭伦撰写的公民誓言，正式成为一名见习公民。见习公民需要准备接受两年的严格训练，这两年既是他接触实际事务的开端，也是城邦对其考试的开始。第一年，他将留在雅典附近，练习武器操练，学习军事战术知识。此时他过着艰苦的士兵生活，睡在露天或城市周围的卫兵房里，随时可能被城邦征召，在紧急情况下为城邦提供帮助。此外，他还参加公共节庆活动。年末，所有满一年的见习公民都要在民众面前进行军事演习考试。之后，他们将作为民兵驻守雅典周边哨所，并加入边境巡逻队，在全国各地巡视。他们现在的生活就像战时的士兵一样，并且他们学会了两件重要的事情：（1）全面掌握了阿提卡的地形、道路、山口、小溪、泉水等地形水文信息;（2）了解执行法律和维护秩序的技巧。事实上,他们的生活与现在意大利军队中的阿尔卑斯山地部队非常相似。他们利用夏天的时间熟悉意大利阿尔卑斯山的每一个高地、山谷、山口、溪流和隐蔽处,经常在高山上露宿数日。在此期间,见习公民不能行使公民的立法或司法职责。第二年年底,如果他们通过了被称为公民考试或成人考试的第二次考试,就可以成为城邦的正式公民。

四、城邦教育

在希腊,城邦就是大学,大学就是城邦。古代世界普遍认为,城邦是一所培养美德的学校。这种观点将人与公民完全等同起来,对个人对于自己城邦的态度以及国家对个人的态度都产生了极其重要的影响。城邦主张拥有一种约束性的权力,而个人也认可城邦的这种权力,这种权力延伸到生活的每一个领域和行动之中。因此,道德与合法性的范围是完全一致的。换句话说,合法性的范围延伸到整个道德的范围。无论国家或政府采取何种形式——君主制、贵族制、民主制等,人们都认可这一点。

要全面介绍古雅典的大学教育,就必须描述直到希波战争时期雅典的社会和政治历史,但是这当然是不可能的。我所能做的,只是指出这些城邦拥有哪些因素,使它能够培养出那些杰出的贵族,创造伟大的功绩和作品,使它短暂的存在成为世界历史上最耀眼的亮点。

我认为,其中最主要的因素,也是包含了其他所有因素的因素,就是希腊人的和谐理想。作为一个城邦和一所学校,雅典是伟大的。只要它体现了这一和谐理想,只要它按照智力、道德和实践的价值分配权力和荣誉,总之,只要城邦由最优秀的公民来治理,且其他人也承认他们有这样做的权利,雅典就能永葆其伟大荣誉。尽管格罗特和其他人曾提出过异议,但严格说来,雅典之所以伟大,是因为它是贵族国家(古代意义上的贵族国家),只要它是贵族国家,它就可以伟大。而当雅典放弃了自己的基本理想,变成民主国家时,它就灭亡了。我们不能将这一论断理解为对民主制度本身的任何诽谤,也不能将其理解为否认雅典的灭亡为比它自身更高远的理想铺平了道路。我在此处只是陈述了一个事实,这个事实很容易被概括而不失其真实性:当一个制度放弃了它赖以建立和发展的原则时,它就会灭亡。如果我们不牢记这一点，就无法理解雅典历史的教训。雅典几乎所有的成就都是由那些保留着旧贵族精神，并激烈反对民主制的人完成的。我们只需列举埃斯库罗斯、索福克勒斯、阿里斯托芬、柏拉图、亚里士多德、德摩斯梯尼等人，即可证明上述论断。

第二部分

"新教育"（公元前 480—公元 338 年）

第一章　个人主义与哲学

荷马和阿尔齐洛科斯都应该被逐出诗坛并接受鞭刑。

——赫拉克利特（希腊哲学家）

你必须对万事万物有所了解。

首先，你需要了解真理的核心，以及它所倡导的信念；

其次，你需要了解凡人的观念，他们的观念中不存在真正的信念。

——巴门尼德（前苏格拉底时期哲学家）

万物本无差别，后来智慧来了，才使它们井然有序。

——阿那克萨哥拉（古希腊哲学家）

人是万物的尺度。

至于众神，我无法知道他们到底存不存在。

——普罗塔哥拉（古希腊哲学家）

斯特瑞普西阿得斯：你还不明白学习是件多么好的事情吗？这世上没有宙斯，斐狄庇得斯！

斐狄庇得斯：那掌握神界的是谁？

斯特瑞普西阿得斯：是漩涡！漩涡废黜了宙斯。

斐狄庇得斯：呸！简直是胡说八道！

斯特瑞普西阿得斯：可这是千真万确的。

斐狄庇得斯：谁说的？

斯特瑞普西阿得斯：苏格拉底，还有那个测量跳蚤一次能蹦多远的凯瑞丰！

——阿里斯托芬《云》

自古以来流传着一种观点，认为一个有福之人一定子嗣旺盛，家族血脉得以流传。同时，如果他的福泽过盛，也会招致灾祸。但是，我并不认同这个古老的观点。我认为，有不敬行为的人反而会催生更多的同类。因为正直的家庭虽然会子孙绵延，但是老一辈的悖逆之人一定会生下逆子，邪恶之人的血脉中又会生出新的罪恶，如此循环往复。新的罪恶会带来奢靡，带来横扫一切的强权，带来邪恶的胆量，带来亵渎神明的暴行。这双重的罪恶将给家庭带来无尽的黑暗。但是，正义会照拂着炊烟袅袅的家园，赞美有德性的生活；正义会远离用不洁之手镀金的豪宅，蔑视对财富的赞词；正义会在圣洁之地降临，它的旨意终将实现。

——埃斯库罗斯

从孩提时代到生命的终点，人们始终在接受教化。孩童一旦晓事，他的保姆、母亲、教仆、父亲就会竞相通过言传身教，对孩子进行最好的教育。他们会教导孩子说："这样做是对的""那样做是错的""这样做是美的""那样做是丑的""这样做是合法的""那样做是有罪的""要这样做""不要那样做"。如果孩子听话，那当然好；倘若不听话，他们就会像矫正一根弯木一样，对孩子予以鞭笞。等到孩子到了上学的年龄，他们会嘱咐老师严加教导；比起书写或音乐，他们更注重孩子德性的培养；老师也会按照这些嘱咐行事。后来，当孩子学会了阅读，开始理解所写内容的含义，就像以前他们理解别人说的话一样，老师就会把优秀诗人的作品放在孩子面前的长凳上，让他们阅读，告诫他们用心学习。这些优秀作品包含了许多训诫、史诗、高尚的事迹以及对先贤的歌颂。这些作品的目的是唤醒孩子的雄心壮志，使他能够模仿并努力成为同样有德性的人。音乐教师也本着同样的理念，努力培养孩子的自制力，防止孩子陷入恶习。除此之外，当孩子学会弹琴后，老师还会教他们学习其他诗歌，这些诗歌都是伟大的抒情诗人写的。孩子配着伴奏诵吟这些诗歌，从而将诗歌的节奏和韵律融入自己的灵魂。这样，他们就会变得温文尔雅、气度不凡。事实上，人的一生都需要定时进行这样的规范。此外，父母还把儿子送到体能教师那里，以强健他们的体魄，使他们的身体能够支持他们高尚的理想，而他们自己也不会因为身体的退化而被迫在战争或其他（严重）事务中扮演懦夫的角色。富有人家的儿子接受的教育最多，他们上学最早，放学最晚。当他们离开学校时，城邦会要求他们学习和遵守法律，而不是自己恣意而行……如果有人违反这些法律，城邦就会惩罚他……苏格拉底啊，看到家庭和城邦都如此重视美德，你怎么还怀疑美德可否传授呢？如果美德不是可以教授的，那才是一件奇怪的事。

——柏拉图《普罗泰戈拉篇》

我（苏格拉底）说："吕西斯，你的父母非常爱你吧？""当然"，他（吕西斯）说，"那他们会希望你尽可能快乐吗？""那当然。""那么，如果你的父母爱你，希望你幸福，他们就会想方设法让你幸福？""是的，他们当然会这样做。""如果一个人不能自己做主，就得不到快乐，对吧？""是的，当然不能得到快乐""那么你的父母从不责备你，也从不阻止你做任何你想做的事，对吧？""天哪！他们阻止我做的事儿可多了。""你什么意思呀，他们希望你快乐，却阻止你做你想做的事？让我们举个例子吧，如果你想驾驶你父亲的战车，并在比赛时握住缰绳，他们是会允许你这样做，还是会阻止你？""天哪！我父亲已经雇了一个车夫，所以他不会允许我这样做的。""那是什么意思呢？他们宁可相信一个雇工，而不是你，并且还付他工资？""是呀，为什么不呢？""那么，我想他们会允许你驾驶骡拉的车吧，如果你想拿鞭子抽它，他们会允许你的。""他们怎么会允许呢？只有骡夫才可以驾驶骡车。""那骡夫是奴隶还是自由人呢？""是奴隶。""哦，这样看来，他们把奴隶看得比自己儿子还重呢，把财产托付给他而不是你，允许他为所欲为，但却阻止你。不过，再告诉我，他们是允许你自己管理自己呢，还是连这点都不信任你？""咳，怎么会信任我呢？""那是不是有人管理你？""是的，我的教仆会管我的。""但他肯定不是奴隶吧？""当然是，教仆是我们的奴隶。""那这不是很奇怪吗？一个自由人被一个奴隶管理？""是呀，教仆把我带到一位老师那里，或者类似的人那里。""那这些老师不会也在管理你吧？""无所不管。""那么，这说明你父亲喜欢给你安排一大堆主人和管理者；当然，当你回家去找你母亲的时候，她会让你做你喜欢做的事情，以便让你高兴吧？比如她在织布的时候，要么用线，要么用织布机，对吧？她肯定丝毫不会阻止你摆弄针线或任何纺纱用的工具吧？"他（吕西斯）笑着说："天哪，苏格拉底，我母亲不仅阻止我，而且如果我碰这些，还会挨打的。""天哪，难道你做了什么对不起父亲和母亲的事吗？""天哪，我当然没有。""那么，他们为什么如此焦急地阻止你的快乐，阻止你做你想做的事,让你整天受其他人的奴役,几乎没有权利做任何你想做的事呢？事实上,你似乎并没有从父母的这些财富中得到什么好处。相反,有人在管理这些财富,但不是你;而且,虽然你的身体生来高贵,但你却没有从你的身体中得到什么好处。有人在管理和照顾你的身体,但你自己什么也管不了。吕西斯,你也做不了自己想做的事。""原因是,苏格拉底",他(吕西斯)说,"因为我还没成年"。

——柏拉图《吕西斯篇》

宪法规定,一个人只有他的父母双方均为公民,他才有权获得公民身份。年满十八周岁的公民子女,即可在德莫(雅典的基层行政单位)登记入册。在此之前,德莫成员会宣誓裁定两件事项:首先,该青年是否已达到法律规定的年龄;如果裁定为否,该青年将回到男孩的行列。其次,该青年是不是自由民的婚生子女。如果结果对该青年不利,他就会向公民法庭提起上诉。德莫当局则会委派五名成员指控他为私生子。如果这些人发现他是被非法推荐登记的,国家就会把他卖给奴隶;如果判决他胜诉,他就必须获准在德莫登记入册。登记在册之后,他会再接受议会的复审,如果被发现未满十八岁,则要对将他登记在册的德莫处以罚款。经批准后,他们被称为"埃菲比"。在这些青年宣誓后,要从同部落的成年公民中选出三个四十岁以上的、品行没有瑕疵的人,担任这些"埃菲比"的监护人。他们将一起巡视所有的神庙,然后向比雷埃夫斯港进发,在那里驻守雅典南北的两个要塞——穆尼奇亚和阿克泰。人们还为埃菲比挑选两名体操教练,以及教他们进行重装作战、射击弓弩、投掷标枪和使用攻城器械的老师。来自各部落的十名指挥官每人每天可领取一德拉克马(约20美分)的薪水,每名埃菲比每人每天领取四奥博尔(约13美分)的薪水。每个指挥官从自己部落支取军饷,为整个队伍购买生活必需品(因为他们按部落聚在一起),并满足他们的所有需求。埃菲比第一年要进行军事演习,第二年会公开展示自己的精湛战技。随后,每人获授一面盾牌和一支长矛,然后骑马巡逻边境,戍守要塞。埃菲比的服役期为两年,在此期间,他们身着披风,享有公民豁免权。公民豁免权是为了保护他们的军事职责不受干扰。具体而言,他们不能作为被告或原告参与诉讼,但有关继承、继承人或世袭神职继承的诉讼除外。

三年期满后,埃菲比成为正式公民。

——亚里士多德《雅典政制》

雅典城邦所追求的权力与德性之间的完美和谐并不容易达到或保持。早在有记载的历史中,我们就可以发现,如果一个政党所拥有的权力超过了它的德性,而另一个政党拥有的权力较少,那么他们之间就会存在权力斗争。也就是说,一个曾经有德性的政党,凭借其过去的努力掌握了权力,而另一个政党则凭借其正在成长的德性要求权力。简而言之,这是一场衰落的贵族制与成长的民主制之间的斗争。当然,对于执政党来说,这似乎是对合法权威和特权的反叛,因此它会竭尽全力予以镇压。因此,雅典的立法者德拉科制定了严格的法律,后来的梭伦也制定了更加缓和、不那么直言不讳但同样具有贵族色彩的法律。随后,雅典又经历了庇西特拉图的暴政。只要庇西特拉图能在争斗的各方之间保持权力的平衡,这种暴政就会持续下去;接着是克利斯提尼的宪法,它打破了雅典旧的贵族制度,对宗族进行了改造,使亚略巴古(雅典初期贵族举行会议的场所)堕落,民主最终取得了胜利。希波战争的爆发是雅典历史和教育的转折点。在此之后,贵族为维持自身利益所作的一切努力,都是以民主的名义,并通过表面上对民主的狂热拥护进行的。

雅典贵族制城邦的基础是土地所有制、奴隶制,以及拥有土地的阶级除了其家庭和城邦义务之外的所有自由。拥有土地的阶级完全不需要从事生产劳动。只要城邦的主要财富是土地及其产品,只要人们被分为富人和穷人两个阶级,只要前者不难将所有权力掌握在自己手中,这种状况就可以维持。但是,随着商业的发展,财富很快就落入了一个不拥有土地、之前也不从事生产制造的阶层手中,这个阶层开始要求分享政治权力。彼时,两个富裕的阶级相互对立。这两个富裕阶级一个是骄傲保守的阶级,拥有"老钱和旧式价值";另一个是虚荣激进的阶级,拥有新的财富和需求。这两个阶级都在争夺财富少、德性低、需求多的阶级的青睐,从而增强自己的地位,这就是雅典民主的起源。雅典的民主是贸易和生产性行业的产物。在这场战役中,雅典主要依靠由下层阶级组成的海军舰队获得了胜利。因此，萨拉米斯战役不仅是希腊对波斯的胜利，也是对外贸易对国内农业的胜利，是民主对贵族的胜利。

雅典的民主制度起源于贸易，这一事实在很大程度上决定了它的历史和趋势。雅典民主制造成的众多结果之一，是它使雅典敞开了大门，让外来人口、外来思想和外来习俗涌入，更不用说外来的神灵了。所有这些都将打破雅典人原有的、自成一体的、井井有条的生活。没有哪个部门比教育部门更早、更明显地感受到这些影响了。大约从萨拉米斯之战开始的时候，年轻的爱奥尼亚人阿那克萨哥拉就来到雅典，和一批在艺术和科学方面具有"先进"思想的人一起，试图在雅典闯出一片天地。事实上，雅典似乎有意为他们留出了这样一片天地，因为雅典的年轻公民在接受政府的照护之后，政府并没有为他们提供任何智力或道德教育。因此，这些睿智的外国人自封为公共教师，轻易地填补了政府留下的这个空缺。对此，政府可能会不时地反对，并试图惩罚他们中的一些人，因为他们宣扬的不虔诚或危险的思想败坏了青年的风气，就像在阿那克萨哥拉的案件中那样。但是，这些公共教师的活动太符合当时的趋势了——一种与民主密不可分的激进和个人主义的趋势——所以政府没法儿将他们全部取缔。因此，在萨拉米斯之战过后的几年内，雅典出现了一个前所未有的阶层，一个私人教师阶层，或者像这个阶层的人自称的那样，一个"智者"阶层，他们致力于从理论上传授之前只能有政府传授的知识，即美德和智慧。他们的思想新颖、醒目、激进，因此很适合刚刚获得解放的民众。这些民众对自己最近取得的成就非常骄傲，对旧时代狭隘、虔诚的一切充满蔑视。他们的校舍富丽堂皇、学费也异常高昂，这些足以让那些总是用金钱来衡量事物价值的阶级望而却步。他们的教学方法既能满足学生和家长的虚荣心，又能获得他们的青睐。无怪乎这些人很快就获得了成功，并产生了巨大的影响。

从苏格拉底的时代到我们这个时代，"诡辩家"（亦译"智者"）一直是一个蔑称，而且这个蔑称也并非完全没有道理。事实上，黑格尔、格罗特和泽勒均已证明，人们不该对"诡辩家"如此诽谤，因为这些人既不比那些传授新的货币学说的人好多少，也不比那些鼓吹供需平衡的聪明的经济学家坏多少。然而，公正地说，诡辩家在很大程度上助长了雅典人的士气，鼓励人们不要尊重雅典政体赖以建立的理念。诡辩家的观点迎合了民主制度中一些最自私的、最个人主义的倾向。如果说诡辩家在人类进化史上占有一席之地，他们是一种允许个人在国家之外有自己的活动和利益的更高级的人生观的先驱，那么我相信，人们肯定会毫不迟疑地认同这个观点。当然，我们也不会因此而被迫把诡辩家视为高尚的人。事实是，他们在实践中和理论上都代表了个人主义精神，这种精神在当时极力反对民族主义或政府。也许在二者的正当要求得到表达和协调之前，个人主义不得不以一种夸张和破坏性的方式来主张自己的立场。"新教育"正是将这种个人主义精神融入教育之中的体现。

个人主义精神体现在诡辩家和他们的学说中，体现在生活的各个领域——宗教、政治和教育之中。它反对旧的政治精神、诋毁了旧的诸神，以及建立在对诸神忠诚的信仰之上的城邦，并用漩涡之类的粗俗幻想或理智之类的抽象概念取诸神而代之。它鼓励个人以自己的快乐为目的，而把国家视为达到这一目的的手段。个人主义精神所倡导的教育充斥着这些思想。实际上，诡辩家教给那些向他们求教的野心勃勃的年轻人的，是自作主张、不择手段和炫耀性的修辞。在他们胜利归来的游行队伍中，事实、幻想和谬误以奢华的阵容齐头并进。可以公平地说，诡辩家在指导年轻人学习似是而非的演说艺术的过程中，为修辞艺术和语法科学奠定了基础，世界至少要因为这点而感谢他们。

雅典的大街上、广场上、体育馆里随处可见那些摆脱了家庭、教师、学校和政府的约束的年轻人。因此，诡辩家把主要注意力放在了这些年轻人身上，他们的教学效果当然也最先从这些年轻人身上显现出来。但是，诡辩家的影响与当时明显的激进主义倾向不谋而合。因此，这些影响很快就在从家庭到大学的各级教育中显现出来，表现为一种不敬、轻浮、自负的理性主义。在这种理性主义面前，天地间的一切制度都要接受其自设和自毁的法庭的审判。在学校里，这种影响体现在：（1）对文法，尤其是文法的形式更加重视；（2）在学习资料方面，倾向于用带有新思想色彩的新近作家的作品，来代替旧的史诗和抒情诗人的作品；（3）引入新的复杂乐器和音乐种类；（4）越来越偏离旧时代严格的身体和道德约束。在此时，我们将第一次听说文法教师有别于音乐教师，听说有不教授《荷马史诗》的教师（据说雅典政治家阿尔西比亚德斯曾训斥过这样的教师），听说学校里可以使用笛子和类似乐器。在学校教育中，这种新精神表现出一种倾向，即用华而不实、缺乏系统性的练习来代替旧时代有活力的、有层次的练习；为了执行新的思想而牺牲教育。

但如前所述，新精神在高等教育中表现得最为明显，也最为让人痛心。年轻人不再花时间在体育馆和空旷的郊外进行剧烈的体育锻炼，而是开始流连于街头和公共场所，聆听诡辩家的讨论，进入诡辩家的学校。他们对自己舌头的锻炼多于对身体其他部位的锻炼。这样做的后果很快就显现出来了，年轻人的体力、耐力、勇气和男子气概都下降了，而且非常喜爱奢侈和其他身体上的罪恶。现在，他们开始为自己设想一种私人生活，这种生活与公民所要求的生活相去甚远。他们开始用蔑视或怜悯的眼光看待过去的公民生活及其理想、规范和义务，认为他们已经学会超越这种生活了。城邦的荣耀和福祉不再是他们的主要追求目标。在受个人主义影响的人看来，个人主义是健康的和有男子活力的证明。但殊不知，个人主义正在腐蚀他们的道德本性，并为城邦的毁灭埋下了隐患。因为当这些受新思想影响的年轻人成为城邦的一员时，他们自然而然地会忽视城邦的教诲和要求，转而遵从新的教导，为自己而活。因此，正如雅典"旧教育"的特点在希波战争时的雅典子民的行为中显现出来一样，"新教育"的特点也在五十年后摧毁了雅典和希腊的漫长的伯罗奔尼撒战争中显现了出来。

但是，雅典和它的教育不可能不经过斗争就走向毁灭。贵族政党长期坚持旧的原则并试图保持它的效力；但由于他们不了解新的情况，也没有考虑到新的情况，他们在应用这些原则时犯了错误：只是试图恢复旧时的状况。为了达到同样的目的，有很多个人也付出了最大的努力。埃斯库罗斯曾在马拉松战役中奋战过，他比其他任何希腊人都更具有宗教精神。他从伦理的角度诠释了古老的神话，并以这种形式将其编成一系列戏剧。通过这些戏剧，希腊人民的历史和制度被证明是由正义的神所指引的。神根据每个人的行为给予他们奖赏，神憎恶"用不洁之手镀金"的虚荣家庭，神与纯洁正义的人同在，尽管他们住在最简陋的小屋里。因此，埃斯库罗斯不仅成为希腊悲剧之父，也成为希腊有史以来最崇高的道德导师。就道德的伟大而言，在所有文学作品中，只有一部作品可以与埃斯库罗斯的《奥瑞斯提亚》相提并论，那就是《神曲》。然而，埃斯库罗斯却因被控不虔诚而被赶出雅典，在流亡中去世。

诚然，并非只有悲剧才能激发人们的灵感，使之成为正义的传道者。在阿里斯托芬的笔下，喜剧也为同样的目的发挥了它的全部力量。三十多年来，这位无与伦比的幽默大师利用公共剧场鞭挞雅典民众的愚蠢行为，蔑视可恶的领导者，并向他的同胞指出，毁灭的深渊就在他们面前。世界上从未有过像阿里斯托芬的作品这么严肃的喜剧，即使在莫里哀或博马舍的作品中也没有。然而，这一切都是徒劳的。早在阿里斯托芬去世之前，他就被禁止向公众揭露雅典人民的堕落。

在竭尽全力使雅典重现昔日风采的公民中，还有两个人。这两个人的性格、禀赋和地位截然不同，他们一个在行动的世界里工作，另一个在思想的世界里工作。第一位是伯里克利。当他看到民主已成为时代的潮流之时，便接受了它，并以他个人的品格和地位，努力引导它具备"德性"。为了鼓励体育锻炼，特别是新组建的家庭的孩子们的锻炼，他在西诺萨基和城墙之间的阿波罗神庙的小树林里建造了莱西姆学校，作为孩子们的体育馆。为了鼓励人们学习音乐，他还在雅典卫城的东南端建造了一座音乐厅。这两座建筑都非常宏伟。我们不知道伯里克利为了建成大剧院、鼓励舞蹈的发展具体做了些什么，但毫无疑问，这也是他的计划之一。但是，伯里克利是一个非常聪明的人，他认为只有提供一个能够唤起人们的雄心壮志、激发他们活力的目标，才能诱使他那些贪图享乐的同胞遵守旧的纪律，而这个目标就是以雅典为首都的统一的希腊。他是多么努力地让他的同胞熟悉这一目标，并使雅典配得上他所希望它占据的地位。这一点，至今都可以从雅典卫城的正门和帕台农神庙中得到可悲的证明。在帕台农神庙的楣板上，雕刻着庄严的祭祀文，它将巩固希腊人民的团结，并使其成为文明的领袖。当堕落的希腊人抵制伯里克利为和平统一所作的一切努力时，伯里克利试图改为用武力来实现统一。结果，他以轻率的借口发动了伯罗奔尼撒战争。但是，上天没有给伯里克利更多的时间，让他知晓他的同胞为唤醒新的道德和政治生活所作的绝望尝试，以及这些尝试的结果。如果伯里克利活着，他可能会被迫认识到，他一直在试图完成一项不可能完成的任务——用腐朽的木材搭建一个坚固的宫殿，试图让卑鄙、自私的人建立一个高尚的国家。不幸的是，伯里克利的私生活公然违抗了城邦法律，他试图使纳妾成为可敬的行为。这不仅使他想要完成的所有善举付诸东流，而且还使他的私生活沦为可耻的典型。事实上，伯里克利本人深受他所处的时代的三种恶习——理性主义、自我放纵和爱炫耀——的影响，无法找到任何真正的补救措施，消除由此产生的弊端。他需要的不是文学、音乐、体育、舞蹈，也不是帝国梦想，而是一种完全不同的东西，一种新的道德激励和理想。

苏格拉底是前文提到的公民中的第二位。在别人自我放纵时，他过着贫穷和匮乏的生活；当别人崇尚富丽堂皇的外在美时，他追求简朴并以自己的丑陋为趣；在自以为是的理性主义和无所不知的诡辩氛围中，他自称无知并臣服于诸神。对苏格拉底而言，恢复雅典乃至希腊道德生活的问题，具体呈现为：在理性主义和个人主义的影响下，曾经维系社会的古老神圣力量与世俗的伦理约束力量已经失去了效力，那么我们该在何处，又该如何找到其他的约束力量来取代它们呢？解答这一难题，便是苏格拉底毕生的追求。但苏格拉底很快就发现，任何真正的答案都必须建立在对人的整个本性和关系的理解之上，而诡辩家之所以能够将自己的思想强加于他的同胞，只是因为他的同胞没有这种对人的本质的理解。苏格拉底看到，旧的道德生活是建立在纯真的传统和规范之上的，是由想象中的神灵所认可的。旧的道德生活必须让位于建立在自我理解和反思之上的道德生活。因此，他将德尔斐神庙上镌刻的神谕"认识你自己"作为自己的座右铭，并全力以赴地践行这一神谕。

因此，苏格拉底出现在诡辩家的地盘上，用诡辩家的方法与他们交锋。他在这方面做得非常好，以至于被许多人（其中包括阿里斯托芬）认为是诡辩家的最佳代表。其实，真实的情况是，苏格拉底是雅典人中第一个承担起向雅典的年轻人和男人教授"高等教育"的人，而诡辩家曾一度声称，这一特殊职位只有他们才能担任。苏格拉底走遍了雅典的大街小巷、商店、学校和体育馆，引来形形色色的人与他交谈，并试图为自己和这些人引出真理

（因为他假装什么都不知道）。当他遇到一个自称有知识的真正的诡辩家时，他从来没有如此高兴过；当他面对一群年轻人时，他也从来没有如此得心应手过。因为他可以通过讽刺性的、微妙的问题，迫使那个诡辩家承认他一无所知。事实上，苏格拉底在研究过赫拉克利特之后，深信人们之所以会陷入错误，是因为他们不了解自己，不了解自己的思想。因为他们所谓的思想只是观点，只是思想的碎片。他得出结论说，如果要使人们从思想和道德的错误中得到救赎，就必须让他们思考完整的思想。因此，他从人们的普遍观点出发，通过一系列有的放矢的提问，试图引出这些观点的含义，也就是这些观点所构成的整体。这就是苏格拉底的辩证法（或称对话法）。辩证法并不是要传授什么新知识，而只是如苏格拉底所说，让人们摆脱思想的束缚。苏格拉底不仅认为现存的真理是由完整的思想构成的，他还认为所有这些思想都是普遍的、必然的真理。虽然对一件事可能有许多看法，但真理可能只有一个。又因为真理对所有人都是一样的，因此真理也就与任何人无关。这与诡辩家普罗塔戈拉的教导恰恰相反，与个人主义的福音也恰恰相反。人远不是万物的尺度，万物都有一个尺度。人要想不陷入错误，就必须遵守这个尺度。这个尺度，这个完整的真理体系，意味着一个永恒的思想。尺度存在于这个思想之中，并通过这个思想在世界上显现出来，这正是人类所要达到的目标，当然，前提是如果人们愿意完整地思考他的思想。在这样做的过程中，苏格拉底一下子就学会了支配宇宙的法则，并为自己的行为找到了指南和准则——这种准则不再是外在的和由国家强加的，而是内在的和由心灵施加的。这样的制度彻底颠覆了人与国家之间关系的旧观念，同时也是对个人主义的釜底抽薪。"诚然"，苏格拉底说，"个人，而不是国家，是一切权力的源泉，是一切事物的尺度；但他之所以能如此，不是因为它本人，而是因为他被赋予了普遍的理性。而世界，包括国家，都是受这种理性支配的。"这就是苏格拉底教诲的总和与实质，这就是他所认为的真正的自我认识。苏格拉底将这一真理应用于生活，开启了人类历史的新纪元，并由此将现代世界与古代世界区分开来；这一真理被基督教重申并赋予了活力，构成了我们今天的生活。

苏格拉底采取这种观点，必然会形成"自己的门派"，这个门派不可能得到他的同胞所属的另外两个派别中任何一个的同情。传统派指控苏格拉底否定祖国的神灵，败坏祖国的青年；激进派也憎恨他，因为他认为激进派的拥护者虚荣、肤浅又无知。在他们的夹击下，苏格拉底被处死。当雅典意识到它杀死了自己的先知的时候，已经为时已晚。苏格拉底虽然被杀了，但从某种程度上来说，他并没有死，因为他的精神是永存的，他开启的事业是不断发展壮大的。然而，这并不能拯救雅典，除非雅典接受一个它既不愿意也不可能接受的条件，即按照神圣的真理和正义来改造它的政体和公民的生活。事实上，尽管苏格拉底发现了一个伟大的真理，但他并没有以一种在既定条件下可以被接受的形式将其呈现出来。他自己甚至根本没有看到自己提出的原则所蕴含的巨大意义，而事实上，他的原则正是一切真正的伦理、自由和科学的基础。现在是否有人能看到这些意义还值得怀疑，而且可以肯定的是，这些意义还没有在任何地方得到实现。尽管如此，苏格拉底的真理和他的一生对雅典和雅典的教育产生了直接的影响。在他的精神鼓舞下工作的人，或多或少都清楚地理解了他的真理，他们几乎立即取代了雅典的诡辩家，并吸引了雅典公民（无论老幼）对真理的认真探索。事实上，从这时起，对智力的青睐开始压倒对体育和音乐的重视，这种情况持续到智力涵盖了人们的全部生活，雅典从一个大学城邦变成了一个城邦大学。在西塞罗、保罗、普鲁塔克、卢西安和普罗克洛斯的时代，情况就是如此。这种片面的倾向对雅典的政治生活来说是致命的，因此在某种程度上，对其道德生活的影响也是致命的，这一点是显而易见的。虽然我们不能认为苏格拉底本人要对这一结果负责，但我们仍然必须承认，这是他的思想体系所产生的结果。事实上，苏格拉底个人是一位道德英雄，像他这样的拥有"五大美德"的人如果出现的话，会为拯救雅典作出巨大贡献。但是，正是这种英雄主义，这种与生俱来的对正义的热情，蒙蔽了他的双眼，以至于他相信，人们只要知道什么是正确的事情，就会愿意去做正确的事情。因此，苏格拉底夸大了对正确认识的重视，而相对忽视了正确的情感和正确的行为，这在后来被证明是非常致命的。因此，苏格拉底的教导未能阻止雅典的腐败浪潮，也未能使雅典人民恢复英雄主义及其德性。

　　苏格拉底有许多弟子，其中一些人在实践中表现突出，另一些人则是哲学学校的创始人，他们强调了苏格拉底的教学的不同侧面。苏格拉底去世不过几年，他的两位弟子就在雅典两所古老的体育学校定期授课。柏拉图是纯正的雅典人，在学院里传授其老师的思想和道德理论；安提斯泰尼是混血儿（他的母亲是色雷斯人），在赛诺萨格斯传授其英雄的人生经验。他们的追随者分别被称为"学院派"和"犬儒派"。就这样，通过这两个人，雅典的公共机构第一次开展了高等教育。

正如我们所看到的那样，苏格拉底的目标纯粹是道德的，他的追随者们也没有忘记这一点。他们的主要问题仍然是：怎样才能让人们回归道德的生活？但是，苏格拉底的学说有些细节模糊不清，在一定程度上导致了他的学生对实现这一目标的方法产生了分歧。其中，以柏拉图为代表的一方最紧跟苏格拉底的脚步，认为人本质上是一种社会存在，而道德则是一种社会关系。只有在社会秩序中，通过国家，美德才能得以实现。以安提斯泰尼为代表的另一派则认为，美德纯粹是个人的事，智者凌驾于一切社会制度之上。这两种观点在后来几乎所有的希腊思想中并存，并最后在基督教世界的国家和教会中得到体现。

苏格拉底的两个追随者——实践家色诺芬和理论家柏拉图——是制度性道德的信奉者，他们留下的文章流传至今，都就如何培养美德提出了自己的观点。色诺芬和柏拉图都是纯正的雅典人。我认为，没有什么比研究一下这两位有识之士提出的弥补"新教育"弊端的方法更能让我们理解这些弊端了。他们二人都是理想主义者和乌托邦主义者；但前者是保守的、反动的，而后者是投机的、进步的。他们的目标都只有一个，那就是建立一个良性的、幸福的国家，以取代他们所处的恶性的、悲惨的国家；但他们对这种国家的性质以及建立这种国家的手段的看法却不尽相同。

一·第二章 色诺芬·一

众人共治从来都不是好办法，还是让一人称王吧。

——荷马

不要让卑劣的财富进入我的房间，缺乏德性的财富不能守护城邦。

——萨福

以弗所人中的所有成年人，从青年到老年，都应该被绞死，然后把城邦留给未成年的孩子们。因为这些成年人赶走了他们中最有价值、最优秀的赫尔谟多罗，并且说："我们中间不允许有最有价值的人，否则就让他到别处去，到其他人那里去吧。"

——赫拉克利特

我曾一度怀疑斯巴达这个小城邦是如何成为希腊最强大的势力的。但当我回想斯巴达人的政制时，我就不再有疑惑了。至于为斯巴达人制定法律的莱库古，我很钦佩他。我认为他是一个绝顶聪明的人，因为他非但没有模仿其他城邦，反而得出了与大多数城邦相反的结论，从而使他的城邦繁荣昌盛。

——色诺芬

色诺芬从某种意义上来说，既不是哲学家，也不是实践型教师，但他有自己卓越的价值、骑士般的勇气、广泛而丰富的阅历、敏锐的洞察力、和蔼可亲的性格以及迷人的文笔。他是一个真正的老雅典清教徒，通过学习和与世界的接触，他的思想变得更加宽广和包容。他憎恨民主，以至于不愿住在雅典，目睹它的庸俗和混乱。但是，他热爱自己的国家，希望看到它的人民恢复他们古代的荣光。他相信，只有依靠像莱库尔格斯或居鲁士那样的伟大的王权人物，执行严格的纪律，再次将人还原为公民，才能做到这一点。色诺芬可能不愿意把他憎恨的斯巴达人作为他的同胞的楷模，于是他把自己关于教育的浪漫故事的场景放在了遥远的波斯。

我们在《居鲁士的教育》这本书中看到了色诺芬完美的教育计划，尽管该计划提出的背景是在希腊，也就是说它充满了雅典和斯巴达的元素，且这两种元素所占的比例大致相同。正因如此，它对我们具有特殊的意义。由于这本书中直接涉及公共教育的部分很简短，我们在此只能将其翻译转录。

"居鲁士至今仍被蛮族人的传说与歌谣传颂，说他具有非凡的外貌，性情温和、勤奋好学、珍视荣誉。为了获得赞美，他可以忍受任何辛劳，不畏任何危险。这就是流传下来的关于居鲁士外貌和性格的描述。居鲁士自幼按照波斯人的法律接受教育，这些法律似乎与其他大多数国家的法律在公共利益上的出发点不同。因为大多数国家允许父母按照自己的意愿教育子女，甚至允许老年人按照自己的意愿打发老年时间，这些国家大多会制定诸如下文的法律：'汝不得偷盗、不得抢劫、不得殴打他人、不得通奸、不得忤逆地方。'如果有人违反了这些法律中的任何一条，就会受到惩罚。相反，波斯法律则事先规定，公民从一开始就不得有任何实施邪恶或卑鄙行为的倾向。他们的做法是这样的：王宫和其他公共建筑都建在一个所谓的自由人广场上，所有的商贩和叫卖者都被驱赶到另外一个地方，以免他们的喧闹和混乱影响有教养阶级的礼仪。公共建筑附近的这个广场分为四个部分，分别分配给男孩、青少年、成年男子和超过兵役年龄的年长男子使用。法律规定了这些人到达广场的时间。男孩和成年男子在黎明时分到场，年长的男子则可以在除了他们必须到场的日子之外，自己选择合适的时间到场。年轻人穿着轻便的铠甲在公共建筑旁过夜，只有那些已婚者可以例外。国家不会专门去让这些人集合，除非事先命令他们需要出现；但是，经常缺席并不体面。广场的每个部分由十二名长官负责，波斯人十二个部落中的每个部落，都需要出一个人担任广场中一个部分的长官。男孩的长官从年长者中挑选，挑选时要特别考虑到他们是否适合充分开发男孩的能力，而青少年的长官则根据类似的原则从成年男子中挑选。从成年男子中挑选的人要考虑到他们是否有能力坚守自己的常规职责，以及执行最高权力机构的特殊命令。即使对于年长者,也会有负责人监督他们是否履行了自己的职责。现在,我们将解释每个人的职责是什么。首先,男孩们会把在校时间花在学习正义上,他们上学就是为了这个目的,就像希腊的孩子们上学是为了学习文法一样。校长每天的大部分时间都在充当孩子们的判官。不用说,和成年男人们一样,孩子们会互相控告偷窃、抢劫、暴力、欺骗、诽谤以及类似的事情。当然,诬告他人的人也会受到惩罚。波斯人尤其痛恨忘恩负义,如果法官发现一个男孩有能力回报别人的恩惠却不去做,这个男孩就会受到严厉的惩罚,因为人们普遍认为,忘恩负义比其他任何事情都更容易导致不敬,而且我们无须多言,即忘恩负义是一切卑鄙行为的主要源泉。他们还教孩子们克己,长辈们的亲身示范对他们学习这种美德大有帮助。他们教给孩子们的另一件事是服从权威;看到他们的长辈对自己的管理者严格服从,对孩子们学习这一点也大有帮助。他们教给男孩们的还有饮食方面的自律;孩子们看到,在没有得到长官的允许之前,长辈们从不在吃饭时中途离席;他们(男孩们)不与母亲一起用餐,而是与老师们一起,并在长官的示意下才开始吃饭,这对男孩们的自律大有帮助。男孩们从家里带来粗麦饼作为食物,带来水芹当点心,如果他们渴了,会带一个陶土杯从河里汲水。除了这些,男孩们还学习用弓箭射击和投掷标枪。男孩们会一直学习这些东西,直到他们在十六七岁后就转'埃菲比'(或曰"青年团")。"

"这些埃菲比是这样度过他们的时光的:从男童班毕业后的十年里,他们就像我们已经说过的那样,睡在公共建筑的范围内,他们既充当城市的卫士,又是自我牺牲的实践者。事实上,人们普遍认为,这个年龄段的孩子特别需要得到关注。白天,他们听从长官的调遣,随时准备履行任何公共义务。如果没有这样的服务要求,他们就留在公共建筑附近。国王外出打猎时(他每个月都要外出很多次),会带上一半的部落成员,把另一半人留下。随行的年轻人必须随身携带弓箭,在箭筒旁的鞘中还装上一把长矛或弯刀,以及一面轻盾和两支标枪,一支用来投掷,另一支在必要时近距离使用。因此,他们把狩猎当作一件公共事务。国王就像在战争中一样,充当他们的领袖,亲自狩猎,并监督其他人狩猎,波斯人认为这是最好的战争准备。事实上，这使他们习惯早起，忍受酷暑和严寒，使他们在行军和奔跑中得到锻炼，并迫使他们无论在哪里碰上野兽，都能熟练地使用弓箭或标枪加以应对。此外，当他们遇到强大的动物时，往往不得不磨炼自己的勇气。当然，他们必须阻挡动物的近身攻击。因此，战争中出现的任何情况，几乎都能在狩猎时遇到。外出打猎时，年轻人当然要带比男孩多的午餐，但这是他们之间唯一的区别。在狩猎时，他们有时根本不吃午饭；但如果因为有猎物而不得不在规定时间之外继续狩猎，或者他们想延长狩猎时间，他们就将这顿午饭作为晚餐，第二天继续狩猎，直到吃晚饭。他们将两天的饭食并为一天，也是为了练习，以便在战争中缺少给养的时候也能生存。这些年轻人喜欢吃在狩猎时捕获的猎物，否则他们就只能吃水芹。如果有人认为他们的食物只有薄菜和水，索然无味，那他们需要记住，当一个人饥饿的时候，大麦饼和小麦面包是多么香甜；当他口渴的时候，会想到水是多么甘甜。国王去狩猎时，留守的部落成员会练习他们小时候学过的东西，包括射击和投标枪。哪个部落的年轻人最精通这些东西、最有男子汉气概、最稳重，哪个部落就会受到公民们的赞扬。公民们不仅会赞颂现任的督学，还会赞颂他们年少时候的督学。留守的年轻人也会被政府雇用，让他们做比如看守岗哨、追捕歹徒、强盗，或者任何需要力量和敏捷的事情。这些就是年轻人的学习内容。当他们花十年时间学完这些东西之后，他们就毕业了，成为成熟的男人。"

"从毕业之日起，他们将以下列方式再度过二十五年。首先，他们需像年轻人一样，听从政府的安排，从事任何需要智慧和无损体力的公共服务。如果需要上战场打仗，精通兵法的人就会全副武装，不再使用弓箭和标枪，而是使用所谓的徒手武器、胸甲，就像我们在波斯人的画像中看到的那样，左手持盾，右手持剑。除了男教师外，所有官员皆出自这些人。当服务满二十五年后，他们的年龄就超过了五十岁。到了这个年龄，他们就可以晋升为所谓的'长老'了。"

"这些长老不再在本国以外的战场上服役，而是留在国内，在公共和私人案件中担任法官，甚至担任死刑案件的法官。同样，他们还有选拔官员的职责。如果任何一个青年和成年男子疏忽了他的任何合法职责，他所在部落的长官或任何其他愿意的人,都可以向长老们报告,如果长老们发现事实与报告的一致,就会将他驱逐出部落,被驱逐的人终生都会受到羞辱。"

"为了更清楚地了解整个波斯人的政制,我将稍微回溯一下刚才的内容。前面已经说过了,这里只需简要提及:据说波斯人约有十二万之众。在这些人中,没有人被法律排除在荣誉或职位之外。所有波斯人都可以把他们的儿子送进公立学校,但只有那些无须为生计发愁的人才会这样做,其他人则不会。另一方面,那些接受过公立教育的人可以在'埃菲比'中度过青春,而那些没有完成这种教育的人则不能。同样,那些在'埃菲比'中度过青春并达到法定要求的人,可以毕业并进入成熟男人的阶层,进而获得荣誉和职位;而那些没有通过'埃菲比'的人则不能。最后,那些顺利完成成熟男人考验的人,则进入长老阶层。因此,长老阶层是经历了层层等级的历练的人。这就是波斯人的政体,也是他们努力确保最高德性的培训体系。"

这一乌托邦式的教育计划具有特殊意义,因为它表明,希腊教育的旧理想在新理想的影响下对自己有了充分的认识。其中有以下几个要点值得注意:(1)这里所阐述的教育纯粹是政治性的,人们仅仅被视为公民,所有的荣誉都是公民的荣誉;(2)这一计划没有关于妇女教育的规定,妇女的活动范围完全局限于家庭;(3)应该将教育理念和行为区分开来;(4)穷人阶层虽然在法律上没有被排除在教育、地位和权力之外,但实际上他们却因贫穷而被排除在外了。因此,政府完全掌握在富人手中,波斯实际上是一个贵族社会,但却假装是一个民主社会;(5)因此,社会的差别就是德性的差别,而德性正是希腊人的理想。

然而,有一点表明,该计划是与当时的趋势背道而驰的,那就是它对教育的智力方面,即音乐或文法方面只字未提。很明显,色诺芬本人在文法上也有不俗的造诣,但他清楚地看到,诡辩家和苏格拉底的教导夸大了对文法和知识的追求,而这对希腊人的生活和自由造成了危险。为了遏制这种危险的趋势,他制订了一个完全排除了知识学习的教育计划,这一计划用对正义的学习取代了对文法的学习,并且对音乐学习也只字未提。

这就让人对色诺芬的《回忆苏格拉底》产生了好奇。与柏拉图明显理想化的著作相比，《回忆苏格拉底》被普遍认为描述了一个真实的、活生生的苏格拉底。但是，色诺芬不可能看不到苏格拉底未来的影响力，他不也像柏拉图一样急于把这位先知说成是自己观点的拥护者吗？难道与《居鲁士的教育》相比，这不是一部具有传奇色彩的作品吗？或许是因为苏格拉底的生平事迹为色诺芬的读者所熟知，所以他不能像对待居鲁士的生平事迹那样随意。

在结束对色诺芬的介绍之前，我们必须提醒各位注意他的另一篇文章。色诺芬在这篇文章中论述了一个当时迫切需要考虑的问题——妇女的教育。正如我们所看到的，伊奥利亚诸邦，甚至多利安、斯巴达都在一定程度上为妇女提供了教育，而雅典显然认为妇女在家庭之外没有任何责任，因此将妇女的教育完全交给了家庭。保守的色诺芬并没有偏离这一观点，但是，由于他看到了忽视妇女以及如果妇女无法成为有教养的，或者说过于有教养的丈夫的合格伴侣所带来的道德弊端，于是他在《经济论》中描述了一个丈夫对他年轻的妻子提出的教育计划。由于这篇文章让我们对雅典女孩和妇女的生活有了一个令人信服的了解，而且它的描写比其他文章都要好，因此我将抄录这篇文章的第一部分。这部分以苏格拉底和一位名叫伊斯科马库斯的年轻丈夫之间对话的形式出现。苏格拉底说，他看到伊斯科马库斯悠闲地坐在一个门廊里，便与他攀谈起来，向他致以赞美之词，并询问他为什么几乎总是在家外忙碌，因为他显然很少待在家里。伊斯科马库斯回答说：

"'关于你的询问，苏格拉底，我确实从不需要待在家里，因为这没有必要，我妻子一个人就能打理好家里的一切。'"我又说：'伊斯科马库斯啊，这一点我也想问问你，是你亲自教你的妻子做一个好妻子，还是你把她从她父亲和母亲那里接过来时，她就学会了所有的家务事？''苏格拉底啊'，他说，'你猜她嫁给我时能懂多少呢？她来到我家的时候还不到十五岁，她此前一直生活在父母的刻意保护之中，几乎看不到、听不到、问不到什么事情。事实上，如果她嫁到我家时，知道如何把羊毛织成衣服，知道如何把纺纱的任务分配给女仆，我也应该心满意足了是吧？至于与吃喝有关的事情，她之前倒是受过极好的教导，这在我看来，无论是对男人还是女人，都是最重要的教育。''那么,在其他方面,伊斯科马库斯,'我说,'所有的事都是你亲自教的? 她才成为一个出色的家庭主妇?''当然,'他说,'但在我开始教她之前,我先进行了祭祀,向神明祈求我能成功地教导她,她也能成功地学会对我们俩最有益的事。''那么',我说:'你的妻子参加了你的祭祀和祈祷了吗?''她当然参加了',伊斯科马库斯说:'她庄严地向诸神保证,她将尽到自己的本分,并很明显表现出一定会重视我教给她的一切。''但是,我恳求你,伊斯科马库斯,向我解释一下',我说,'你教她的第一件事是什么? 听你讲这个,比听你讲最精彩的体操或马术表演更有意思。'伊斯科马库斯回答说:'我该教她什么呢? 等她适应了婚后的环境,能温和地和我交谈时,我就对她说:亲爱的,告诉我,你有没有想过,我为什么要娶你为妻,你的父母为什么要把你托付给我? 你我都清楚,这不是因为我找不到其他和我同床共枕的人,不是的,而是因为我急于为自己寻找,而你的父母也急于为你寻找,一个最合适的伴侣,来一同经营家庭,养育后代。因此在所有可能的选择中,我选择了你,而你的父母,也选择了我。如果神明能赐予我们儿女,我们一定会尽心尽力地照顾他们,尽量给他们最好的教育;因为在我们年老的时候如果有个好帮手和后盾,将是我们俩的福气。但目前,这里是我们两个共同的家。我所拥有的一切,都将归入这个共同的家,而你所带来的一切,也将如此。我们不必计较谁贡献的东西更多,而是应该明白,我们中谁是更好的伙伴,谁就贡献了更有价值的东西。''苏格拉底,这时,我的妻子回答说:'我该怎样与你合作呢? 我能贡献什么能力呢? 一切都得靠你。我母亲只告诉我要尽自己的本分。''当然,亲爱的',我说,'我的父亲也是这么告诉我的。但是,一个尽责的丈夫和妻子的职责肯定是尽己所能,发展他们的家业,并通过一切公平合法的手段使这个家兴旺起来。'我的妻子问:'你觉得,我能做些什么来帮助你建设这个家呢?''亲爱的! '我说:'只要神明赋予你的能力所及之事,以及法律允许做的事,你都要尽力去做。'她追问道:'那做哪些事呢? '我说:'我觉得你要做的绝不是无关紧要的事,除非蜂巢里的蜂后干的是最微不足道的活儿。事实上,在我看来,亲爱的,神明让一对男女结为夫妇,是有非常明确的目的的,那就是要同心协力,为彼此带来最大的共同利益。首先,这种结合是为了生命得以繁衍和延续；其次，这种结合至少就人类而言，能让人在晚年和自己的伴侣相互照顾。此外，人类不像动物那样露天生活，我们显然需要遮风挡雨的房子。既然有了房子，就必须有人在房子外面从事户外劳作；因为，你看，犁地、播种、种植、放牧，这些户外工作供给着全家所需。另一方面，当所有收获的物资都被运到房子里时，就需要有人来照看和保管它们，操持那些必须在室内完成的事儿，其中包括养育孩子，用粮食制作食物，以及将羊毛织成布料。既然这两类职责，室外的和室内的，都需要辛劳的劳动，那么在我看来，神明创造女人时，就特意让她们适合室内的工作，而神明赋予男人的天性，就是让他们更擅长室外的工作。因为与女人相比，男人的身心更能承受寒冷、炎热、远行和征战，所以男人更适合户外的劳作。而既然神让女人的身体更不容易承受这些东西，在我看来，他就把室内的工作分配给了女人。神明既然把养育幼儿作为女人的天性和责任，他就让女人比男人更爱孩子。此外，神明还赋予女人照管家庭收入的责任。他知道，心怀敬畏能让守护者更尽责，所以他让女人比男人更容易感到恐惧。另一方面，神知道从事户外工作的人必须保护其家庭免受歹人伤害，因此他赋予男人更大的勇气。由于夫妻二人都需要付出和接纳，于是神把记忆力和细心都分给了他们，这样就很难确定是男性还是女性在这方面更胜一筹了。至于必要的自我牺牲精神，神也将它平均分给了男人和女人，并规定，丈夫和妻子中的任何一方如果在这方面更胜一筹，都将获得更多的祝福。正是因为男人的天性和女人的天性并不都能胜任所有的工作，所以他们两个就更加需要相互依赖，这样的结合对他们也更加有益，因为一方能够弥补另一方的不足。现在，亲爱的，既然我们已经知道了神明分别赋予我们的职责，我们就应该尽自己最大的努力去履行这些职责。还有，正如神明让男女共同繁衍后代，法律也让他们结合在一起。法律认可男女职能上的差异，正如神决定的男女性别上的差异一样。因为女人居家比待在室外更体面，而男人处理外面的事务比待在家里更受人尊重。如果有人违背了神明规定的这种秩序，他的过失必为神明所察觉，他会因为疏忽了自己的职责，或者承担了妻子的职责而受到惩罚。在我看来，蜂后的职责也是神明规定的。'我的妻子说：'蜂后履行的职责与我的职责有什么关系呢？'我回答：'她待在蜂巢里，不让其他蜜蜂偷懒，她派工蜂外出劳作，接收每只蜜蜂带来的东西并妥善保管，等到需要时再公平地分配下去。除此以外，她还负责蜂巢的建造，确保这项工作正确、快速地进行。她也负责仔细照料幼蜂，当幼蜂们长大，适合工作时，她就派一只老蜂带着蜂群出去。'我妻子问，'做这些事情是我的责任吗？'我说：'是的，你的职责就是留在家里，安排该外出的人出去工作，监督那些在家里工作的人，接收送到家里来的东西，分配需要支出的东西，储备剩余的东西，并注意不要在一个月内花完一年的用度。你要确保送回家的羊毛被织成布料，送回家的粮食干粮储备妥当，做成食物。不过，有一项职责可能会让你觉得不愉快——只要有奴隶生了病，不管他是谁，你都要好好照顾他。''事实上'，我妻子说：'这是一项最令人愉快的职责，如果那些被细心照料的人比以前更加心怀感激，更加善良的话。'我称赞她的回答，并继续说道：'亲爱的，你看蜂后这般尽责，蜂群多么拥戴她！以至于当她离开时，所有蜜蜂都愿意追随她。如果一家之主的责任不是落在我的身上，岂不荒谬？如果我带回家中的东西无人打理，就像往漏水的桶里倒水一样，白费力气。'我的妻子回答说：'如果我待在家里却没有东西可管，那也同样可笑。'我补充说：'还有其他一些特殊的职责，肯定会让你感到愉快；比如，当你把一个织布的生手变成一个行家，让她的价值增长；当你把一个笨拙的仆人变成一个能干、可靠、有用的人，让她的身价倍增；当你有能力奖励那些尽职尽责、对你的家庭有贡献的男仆，或者惩罚懒惰的仆人的时候，这些都会让你乐在其中。但是，最令人愉快的事，莫过于你日益优秀，成为我的贤内助，不必担心年老色衰而失去我的尊敬。相反，随着年龄的增长，你越发因为持家有道，为母慈爱而受到敬重。因为人生真正的美好，从不靠容颜，而靠德行的积累。''苏格拉底啊，'伊斯科马库斯总结道：'这就是我与妻子的第一次长谈，据我回忆，大致就说了这些。'"

伊斯科马库斯接着讲述了他如何在随后的谈话中向他的妻子讲述秩序的价值，"如何让每样东西都符合自己的位置"，如何训练仆人，以及如何在不使用化妆品或没有漂亮衣服的情况下让自己同样迷人。这些引文足以说明雅典人理想的家庭关系是怎样的，以及他们认为女孩和妇女应该接受怎样的教育。正如男人与公民合二为一一样，女人也与家庭主妇合二为一。

男人和女人各自接受自己职责所要求的教育和培训。如果雅典的丈夫都像伊斯科马库斯一样，那么他们妻子的生活显然会非常幸福和有德性，他们的家庭也会非常和谐。但不幸的是，这种情况并不常见。妻子由于被忽视而变得懒惰、奢靡、放纵、泼辣和无用，而当她的丈夫发现自己的妻子变成这样的时候，便开始寻求与聪明的、有教养的女人的不道德关系，或者比这更糟糕，丈夫开始寻求用一种粗俗的方式替代本应在自己家中获得的满足感。这种情况的出现不可能不削弱社会的道德基础，这也使有思想的人把注意力转向妇女的教育和职责问题上。

─• 第三章　柏拉图 •─

虽然理性是普遍性的,但大多数人的生活就好像他们都拥有自己的个
人智慧。

——赫拉克利特

但我会埋葬他,

为此而死也是甜蜜的;

我将与他甜蜜长眠——

我虽然触犯了人间的律法,却遵守了神圣的天条。

因为我取悦地府鬼魂的时间,

要远长于生活在人世的时光;

我将永久地安息在那里,而你,

尽管继续玷污众神的荣耀吧。

——索福克勒斯《安提戈涅》

唯有形而上学才能真正并立即支撑起伦理学,因为形而上学本身就是
伦理学,它是由伦理学构成的。

——叔本华

在回答"雅典怎样才能恢复道德的活力和力量"这个亟待解决的问题
时,苏格拉底给出的答案是"找到新的道德准则"。他甚至更进一步说:"这
种准则可以在完整的思考中找到,因为完整,所以绝对正确。"然而,这显然
只是一种形式上的回答。如果要使它真正发挥作用,还必须回答三个问题:
(1)如何拥有完整的思想? (2)拥有完整的思想后,怎么论证这些思想具
体是什么? (3)如何将这些思想应用于人类生活的道德重组?柏拉图的
哲学不过是回答这些问题的一种尝试。因此,它又分为三个部分:(1)辩证
法,包括逻辑学和知识论;(2)理论,包括形而上学和物理学;(3)实践,包

括伦理学和政治学。

显然，任何根据苏格拉底原则改革社会的尝试，都必须从实现这些原则的某个人或某些人出发，而不从社会本身出发采取行动。这些人就是哲学家，或者说是圣贤。因此，这种方法一开始就存在两个不同的问题：（1）一个人如何成为圣贤？（2）圣贤如何组织人类生活，并确保圣贤后继有人？对于第一个问题，辩证法给出了答案；对于第二个问题，实践给出了答案；而理论则向我们展示了一切存在（包括人类）的起源和终结，即意义。在柏拉图的学说中，我们第一次见识到了超脱城邦者，这种人并不只是社会整体的一个片段，完全从属于社会整体，而是站在社会之上，根据更高纬度的思想来塑造社会。事实上，从荷马开始，我们在所有的希腊文学作品中都能找到这种人——如赫拉克利特、索福克勒斯，尤其是毕达哥拉斯——的预言。但现在，柏拉图第一次充分地表达了这一观点，并试图有意识地使其发挥作用。

再回到刚才我们提出的第一个问题：一个人如何成为圣贤？我们发现的答案是：通过辩证法。然而，并不是所有的人都愿意利用这种方法，只有少数被选中的人，少数被神赐予爱欲之灵感——一种类似于神性的迷狂的人，才愿意使用这种方法。爱欲由肉体之美点燃，终趋向于至善之境。正如我们将看到的，这种善包含着对永恒真理、对存在本体的憧憬。拥有这种爱的少数人是人类的引导者，人类的福祉取决于对他们的服从。辩证法是一个过程，在这个过程中，受启发的心灵从特殊的物质事物之美上升到普遍的精神事物之美，最后达到至善之美，即"普遍"之美。达到最后一个境界的人，看到了它与所有其他普遍性的关系，从而使它们构成一个相关联的整体。此时，他就看到了一切真理，他就成了圣人。我们所说的普遍性，就是柏拉图所称的理念。柏拉图把理念视为属、数、主动活动的能力和实体，以及其中的最高形式——神。

关于这一理论，有两点特别值得注意：（1）它包含了东方禁欲主义的人生观，这种人生观使人远离感官世界，在无色的思想世界中寻求自己的目的和幸福；（2）它提出了一种关于神的本质的观点，这种观点非常接近东方的泛神论。柏拉图的确没有否认神的人格，但他也没有肯定神的人格，而且他肯定给人留下了这样的印象,即至高无上的神是一种按照数字比例或法则行事的力量。这两种观点对后来希腊的教育和生活产生了不可估测的影响。前者提出了超脱城邦者的活动领域:沉思的领域。他可以自以为是地认为,这个活动领域优于其他公民的领域;而第二种观点则模糊了,或者说忽视了神的人格的基本要素,即选择和意志,从而没有为真正的宗教或道德生活留下任何空间。这就解释了为什么柏拉图主义虽然没有激发任何伟大的公民运动,但在教会体制中发挥了如此决定性的作用,以及为什么教会多年来不得不与柏拉图主义的倾向作斗争。而且,这种压制在很大程度上是借柏拉图的严厉批判者亚里士多德的理论完成的。

现在我们将讨论第二个问题:圣人如何安排人类的生活,并确保圣人后继有人?对于这个问题,柏拉图在他的两部内容最丰富的作品中给出了两个大相径庭的答案。(1)《理想国》。这本书写于柏拉图早年,当时他受到赫拉克利特、巴门尼德和苏格拉底的影响,对现实世界的历史持否定态度;(2)《法律篇》。这部作品写于柏拉图生命的末期,当时他至少部分地与现实世界及其传统信仰达成了和解,并在毕达哥拉斯的学说中找到了满足和灵感。苏格拉底并没有出现在《法律篇》中,这一事实表明了柏拉图效忠对象的改变。接下来,我们将首先讨论《理想国》,然后再指出《法律篇》与《理想国》的不同之处。

柏拉图在写作《理想国》时,对他所生活的社会的罪恶和危险有着深刻的印象。当时所有认真、庄重的人都对这些危险印象深刻,而苏格拉底的教诲和悲惨的死亡可能加深了他的这种印象。危险则显然来自雅典男女士气的低落,以及随之而来的社会纽带的削弱和解体。在他看来,这种现象产生了如下弊端:(1)儿童教育的缺陷;(2)对妇女的忽视;(3)个人主义导致国家的普遍混乱,使权力掌握在无知和贪婪的人手中,而不是智慧和有德性的人手中。面对这些现象,柏拉图提出了《理想国》这一消除这些弊端和避免随之而来的危险的计划,它是柏拉图式的圣人医治社会的良方。可以公平地说,在为整治希腊的社会弊端而提出的所有乌托邦和美学方案中,《理想国》是最佳的、最卓越的方案。但是,尽管它提出要彻底改造社会,却没有对如何让自私自利、堕落不堪的人服从这些方案给出任何提示。在柏拉图描绘的变革后的社会中，国家就是一切；家庭被废除、妇女获得解放，与男子共同接受教育和承担义务；国家负责下一代的抚养和教育；私人财产被禁止，国家不过是庞大的个人。个人有三种能力，个人的福祉取决于这三种能力的适当发展和协调。这三种能力是：（1）智力或理智；（2）精神或勇气；（3）欲望或食欲。第一种能力体现在头部，第二种能力体现在心脏，第三种能力体现在腹部。第一种能力是人类独有的，第二种能力是人类与动物共有的，第三种能力是动物和植物共有的。当理智以清晰的洞察力支配着个人时，就产生了审慎；当精神在对待快乐和痛苦的态度上接受理智的指导时，就产生了刚毅；当精神和食欲在何时行动的问题上与理智达成共识时，就产生了节制；最后，当这三种能力都被严格地限制在其适当的功能范围内时，就产生了正义，这些能力之间存在着适当的关系。如此，我们就得到了四种基本美德。这些美德如果存在于个人，那它反映的是个人的各种能力之间的关系；这些美德如果存在于国家，那它反映的是个人与他人之间的关系。或者，我们应该说，它反映的是社会不同阶层之间的关系。因为社会分为三个阶层，其划分标准是看灵魂的三种能力中，哪一种能力占据优势。这三个阶层分别是：智慧阶级，主要包括哲学家或智者；激情阶级，主要包括军事家或士兵；欲望阶级，主要包括致力于生产、贸易和牟利的人。只有当这些阶级之间的关系符合四项基本美德时，当圣人统治，并且士兵和商人接受这一统治时，当每个阶级严格限制自己的职能时，例如，圣人不参与战斗，士兵不试图牟利，商人不卷入征战或统治，国家和个人的福祉才是安全的。因此，在柏拉图式的理想国中，三个阶级分开居住，职能各不相同。所有的权力都掌握在哲学家手中。哲学家与世隔绝，潜心思考神圣的思想。只有当人类有幸获得恩典，哲学家才会参与人间事务，成为教师和绝对的统治者，实行无法律的统治。他们的意志由生活在城外的军事阶层执行，军事阶层由男女两性组成，致力于体育锻炼和保卫国家。前两个阶级共同构成了国家的守护者，他们之间相当于头和手的关系。他们不生产任何东西，不拥有任何东西，生活非常节俭。实际上，他们对所有生产和拥有的东西，以及生产和拥有这些的人都怀有一种居高临下的蔑视。他们满足于履行自己的职责，维护国家的美德。他们所需要的少量物质财富由生产阶级提供,他们保护生产阶级享受其唯一努力追求或能够得到的利益,即食欲的利益。当然,从事生产的阶级没有任何权力,无论是指挥权还是执行权,因为他们没有任何能力。然而,生产阶级在被监护的状态下是非常幸福的,而且,就感性的美德而言,它是具有美德的。但是如果它的感性过度了,就会被其他两个阶级所压制。事实上,柏拉图认为他的方案的最大优点在于,它通过将每个公民置于他天性所属的阶级中,即他的天性可以在与整个城邦福祉相契合的前提下,使其得到最充分和最自由的表达,就可以确保和谐,进而确保所有人的幸福。这就是柏拉图的政治方案。这一方案的特点产生了希腊的两个特征:热爱和谐和蔑视劳动。令人好奇的是,这一方案预示了三种现代制度——教会等级制度、常备军和产业社会。然而,在这些制度中,柏拉图所要求的权力关系几乎被颠倒过来了。

柏拉图在试图回答"用什么方法来划分这些阶级"这个问题的时候,他冷静地假设,他的计划已经在成年人中全面实施,因此剩下的唯一困难就是儿童。而他的教育计划完全可以解决这个问题。国家,或者说哲学阶级,在废除了家庭并承担起家庭的职能之后,决定在任何时候需要多少数量和什么种类的孩子,并像供养绵羊或牲畜一样供养他们。每逢节日,国家都会把精力充沛的男女两性召集在一起,让他们选择自己的配偶。孩子一出生,就被从母亲身边抱走,送进国家收养所。这时,孱弱和畸形的孩子会被立即杀死。任何未经国家授权而出生的孩子,无论是在出生前还是出生后,都会遭到同样的命运。那些经过批准出生的孩子,如果证明其身体健康,则由国家抚养。这些孩子不知道自己的父母是谁,但是他们的亲子关系决不会因此而受到任何削弱;因为每个成熟的男人都把自己视为一定时间内出生的所有孩子的父亲,每个成熟的女人都把自己视为这些孩子的母亲,因此每个孩子都有成千上万的父亲和母亲,他们都关心孩子的幸福。母亲们几乎可以免除所有的母性责任,与男人们平等地分享国家的所有职能。国家收养的儿童所接受的教育在很大程度上是以斯巴达为蓝本的,尤其在其严格性和绝对政治性方面。不过,它也包含了浓厚的爱奥尼亚或雅典元素,尤其是在智力和审美方面。这种教育制度可以称得上是具有浓郁的希腊风格。它接受历来将教育分为音乐和体育的做法,没有将文法放在显著的位置，而是将其归入音乐之内。这一教育制度还要求将音乐和体育这两个分支作为一个整体来发展，尽可能地培养和谐的人，使其成为和谐国家的一部分。我之所以说"尽可能"，是因为柏拉图认为，在任何时候，只有少数人才能达到完全的和谐，这些少数人是天生的哲学家。当他们的本性完全实现时，他们就不再需要国家，而是像神一样凌驾于国家之上。事实上，之所以需要国家，只是因为人类大众无法实现内在的和谐，如果不是哲学家强加的外在和谐，人类就会灭亡。这是一个可悲的事实，如果不是因为柏拉图似乎从毕达哥拉斯和埃及人那里获得了一种信念，认为那些在现世中未能实现和谐的人，只要不犯某种可怕的恶性罪行，表明他们完全无法实现和谐，就会在转世时有机会实现和谐，那么前文所说的这个事实会非常令人沮丧。

因此，柏拉图的政治教育计划需要借助人的转世轮回的学说，以及最终和永恒的幸福或痛苦的学说作为补充。事实上，柏拉图有一个完整的末世论，其中的"另一个世界"由三个明确界定的部分组成，即极乐世界、阿克隆世界和"地狱之渊"。基督教的炼狱是灵魂的净化之地，而阿克隆只是冥界的一个地方，不完美的灵魂在那里一直待到一个万年的世界周期结束，届时他们又被允许回到现实生活世界中，重新为完美和谐而奋斗，这是进入众神社会的条件。

正是从这种末世论中，柏拉图得出了他在国家治理中使用的道德规范。诚然，没有人比他更坚定地认为美德本身就是人类最高的善这一真理；但他认为，只有哲学家才能体会到这一点，因为他有这方面的经验。而对于低等人来说，需要一种更有力的、尽管不那么高尚的规范。因此，他以希腊人的想象力描绘了极乐世界的欢乐，并用可怕的笔墨描绘了"地狱之渊"。

为了充分理解柏拉图的政治教育方法，我们必须回到第一卷第三章。在那里，我们看到，根据希腊人的观点，完整的教育需要三样东西：（1）高尚的天性；（2）有规律地训练；（3）教诲。对于（1），柏拉图认为可以通过人为为孩子选择父母来实现；对于（2），他认为将依靠音乐和体育；对于（3），他认为可以依靠哲学。在这最后两部分中，我们看到了中世纪"三科"和"四艺"的起源。柏拉图式的教学体系试图将人低劣的天性与高尚的天性区分开来,并将前者置于最低等次。然后,它对具有高贵的天性的人进行音乐和体育方面的训练。同时,他试图将那些能够超越单纯的训练,具有反思或哲学思考天性的人,与那些不能这样做的人区分开来。后者被归入军事阶层,始终停留在训练阶段,而前者则接受哲学教育,并且如果他们能证明自己是专家,最终会被纳入统治阶层,成为圣贤。任何一个较高阶级的成员,如果被证明自己不配进入该阶级,则随时都可能被降级到下一个阶级。

孩子们一被国家接收,就开始在国家指定的看护人的指导下接受教育。在一段时间内,这些看护人的主要工作是照顾孩子们的身体,确保他们健康强壮。一旦孩子们能够站立和行走,看护人就会教他们有序地用力,玩一些小游戏;一旦他们能听懂人们说的话,看护人就会给他们讲故事和唱歌,这就形成了他们对体育和音乐的初步了解。教孩子们玩什么游戏、讲什么故事、唱什么歌曲,都是由国家决定的。事实上,由于人的性格在很大程度上取决于他们接受的第一印象,因此国家在这方面具有最神圣的职责。柏拉图完全不赞成让孩子们在没有指导的情况下以自己的方式锻炼和娱乐,柏拉图还要求孩子们的游戏应以温和、和谐的方式进行,以便激发他们身体和心灵的所有潜能,并培养他们的秩序感、美感和健康。他还更认真地坚持认为,给孩子们讲的故事应是最崇高的道德的典范,为他们唱的歌应该能安抚、强化心灵并使精神变得庄重。他效仿赫拉克利特,要求将长期以来作为儿童故事宝库的《荷马史诗》完全废除,因为这些诗歌对神和英雄都抱有虚假的理想,对往生世界的描述也令人生畏。柏拉图认为,只有奴隶才会有恐惧感,而恐惧感是无法促进美德的。他认为所有的早期智力训练都应该是一种游戏。事实上,柏拉图《理想国》中的幼儿学校与现代幼儿园的理想非常接近。

在开展初等教育的过程中,国家官员有很多机会观察孩子们的不同性格,并区分出其中的高尚与卑劣。一旦一个孩子明显表现出属于最底层阶级的天性,他们就会把他送到那个阶级,国家对他的教育实际上也就停止了。当然,这些官员知道每个孩子来自哪个阶层,他们会利用这些知识来决定孩子未来的命运。与此同时,他们也不能完全以此为指导,而是要公正行事。对最底层儿童的教育,国家让这些孩子自己解决,因为国家相信,食欲总会找到满足自己的方法。对于天性高尚的人，国家则不间断地对他们进行教育，直到他们年满二十岁。这种教育显然是一种军事训练。随着时间的推移，体育训练变得更加剧烈、复杂和持久，但其主体始终是灵魂而非身体，体育绝不会沦为单纯的野蛮运动。音乐和文法练习受到特别的关注，因为柏拉图认为它们是直接训练和协调灵魂的手段。换句话说，一个民族的社会和政治状况是由其创作和欣赏的文法和音乐所决定的。文法和音乐在无形中说，让我来创造一个民族的歌曲，那些愿意创作歌曲的人可以制定他们的法律。前文已经提到过柏拉图所推荐的音乐的特点。从文法方面，柏拉图提出，要排除我们习惯于称之为文法的一切模仿性的、诗意的或创造性的东西，要将其局限于科学的和教化的东西。他用带着嘲讽的礼节把诗人赶出了国家，认为他们是过于神圣的生物，不适合人类。他对戏剧家尤其严厉，甚至连崇高的埃斯库罗斯也不放过。事实上，他想把一切没有直接教益的艺术从他的国家中驱逐出去。他所推荐的文法作品显然是伊索的《寓言》、毕达哥拉斯的《金句》以及巴门尼德或赫拉克利特的《论自然》。如果我们想用严格的现代语言来表达柏拉图的意图，我们应该说他希望用伦理和科学来取代文法训练，用平实的方式取代诗意的理想表达方式。他认为，真正的音乐在于人。他说："如果我们发现一个人将体育与音乐完美地结合在一起，并按比例将它们应用于灵魂，我们就完全有理由称他为完美的音乐家和完美的教师，他远远胜过摆弄琴弦的人。"

柏拉图的军事训练计划中有很多值得思考的细节，在此无法一一列举。不过，在结束本章的讨论之前，我可以给出柏拉图提出的不同教育类型的开始日期。例如，从出生开始照顾身体，三岁开始讲故事，七岁开始学习体操，十岁开始学习写作和阅读，十四岁开始学习文学和音乐，十六岁开始学习数学，十八岁开始学习军事演习并暂时取代所有其他训练。年满二十岁后，那些对科学缺乏兴趣，但有男子汉气概和勇气的年轻人被分配到士兵班，开始接受军事方面的高等教育，而那些智力超群的年轻人则成为统治阶层的新手，开始学习科学课程，一直到三十岁。科学课程包括算术、几何和天文学，这些是当时唯一的科学学习内容，其目的是让年轻的心灵对物理或宇宙的统一性和和谐性留下深刻印象。到了三十岁，那些没有表现出对高等学习有特别天赋的学生就会被征召到低级公职部门,而那些有天赋的学生则要经过五年的辩证法学习,收获纯粹的思想。之后,从三十五岁到五十岁,他们要担任高级公职,直接接受圣贤的命令。在此期间,他们将所学知识付诸实践,从而真正完全掌握这些知识。五十岁时,经过半个世纪持续不断的身、心、意教育,他们被认为已经达到了至善的境界,因此可以进入沉思的统治阶层。他们现在是自由人;他们达到了生存的目标;他们已经从肉体的牢笼中解脱出来,只是出于对教育过他们的国家的感激,自愿留在肉体的牢笼中,以便按照绝对的真理和权利,引导国家走向至善。

这就是柏拉图在《理想国》中提出的教育理论。要指出它的缺陷和错误很容易,这些缺陷和错误既不小也不少,是根本性的、无处不在的。但同样容易看出的是,这些缺陷和错误是如何产生的,因为这些缺陷和错误是每一个具有审美意义的社会计划所具有的,而这种计划忽视了它所假定应对的对象的性质,没有考虑到社会制度的实际历史,也没有考虑到社会制度演变的力量。这显然是被艺术理想冲昏头脑的青年智慧的产物。然而,这是柏拉图的智慧,当柏拉图变得更加成熟时,他虽然毫不"蔑视青年的梦想",但是也看到了思想在与人类弱点的交锋中的软弱无力。于是,柏拉图努力纠正他对思想力量的过高估计。

在《法律篇》中,柏拉图做到了这一点。《法律篇》的标题本身就以一种近乎直白的方式暗示了柏拉图的看法,以及他对统治阶层的忠诚度的改变。在《理想国》中,国家由圣人治理,几乎完全没有法律存在。而在后来的作品中,圣人几乎消失了,法律占据了最重要的位置。此外,在撰写《法律篇》时,他把对苏格拉底及其思想的忠诚换成了对毕达哥拉斯和诸神的忠诚。说到这里,我已经指出了《理想国》和《法律篇》之间的根本区别。在《理想国》中,柏拉图最终从数学、天文学和辩证法里训练出来的纯粹智慧中找到了道德的规范,而在《法律篇》中,他则从大众的意识,包括他的神灵、他的伦理观念、他的传统中找到了道德规范。在这些体现现在各种制度中的内容里,柏拉图发现了对神圣真理最有用的启示,即使不是最崇高的。有鉴于此,他不再寻求废除家庭和私有财产,而只是对其进行管理;他不再将陌生人和诗人驱逐出他的国家,而只是将他们置于国家的监督之下；他不再要求统治者接受哲学训练，而只是要求他们具有实际的洞察力；他不再将公民分为圣贤、士兵和财富创造者，而只是将他们分为自由人（相当于以前的军事阶级）和奴隶。他的政府不再是智力贵族，而是贵族制、寡头制和民主制的复合体，分别代表价值、财富和意志。他的教育计划也进行了修改，以适应这些变化了的条件。在他修改后的教育计划中，孩子们和斯巴达的孩子一样，直到七岁左右才开始接受国家的教育课程。之后的训练与《理想国》中要求的大致相同，当然，他们不用学习辩证法了。虽然妇女仍要承担家庭职责，但她们有与男子一样的教育和职业机会，法律对男女都要在公共食堂用餐的规定，为妇女享受这种机会提供了便利。在作出这些改变时，柏拉图认为自己正从一个崇高但无法实现的理想中堕落，并对人性的弱点作出了让步；但实际上，他正在离真理和公正越来越近。

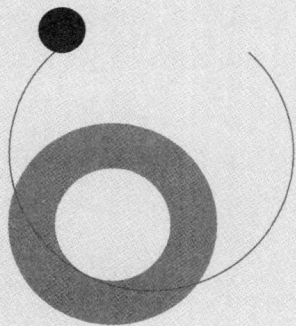

第三卷

亚里士多德

（公元前 384—公元前 322 年）

第一章　亚里士多德的生平与作品

在我看来,亚里士多德在哲学中几乎是独树一帜的。

     ——西塞罗(古罗马政治家、雄辩家、著作家)

亚里士多德是大自然的私人秘书,他的笔蘸满了智慧。

     ——尤西比乌斯(基督教史学的奠基人)

在我看来,亚里士多德的神圣智慧只要一开口,其他人的智慧就会黯然失色。

     ——但丁(意大利诗人)

如果我有能驳倒亚里士多德的理据,那我就能撼动他的权威。

     ——莱辛(德国诗人,剧评家及批评家)

如果我在晚年的清净时光仍有年轻时的精力,我一定要全身心地投入希腊语的学习,尽管这困难重重。自然和亚里士多德应该是我唯一的研究对象。亚里士多德的所见所闻、所思所想都超乎想象的。当然,他的解释有时太草率了,但即使到了今天,我们不也是如此吗?

     ——歌德(写于七十八岁)

如果哲学界能有适当的诚意,那么没有什么比设立亚里士多德专题教席基金更有价值的了;因为他是所有古人中最值得研究的一位。

     ——黑格尔(德国古典唯心主义哲学家)

亚里士多德是有史以来知识最丰富、最全面的天才之一,任何时代的人都无法与他相提并论。

     ——黑格尔

自然哲学以物质的普遍性质为研究对象。它是对各类物质动态表现的抽象提炼;即便在其奠基之初——即亚里士多德的《物理学》八卷中——一切自然现象皆被表述为一种普遍的世界力所驱动的生命活动。

     ——亚历山大·冯·洪堡(德国科学家)

（亚里士多德）这位非凡的天才的特点是，他在科学进程的开始和结束这两端都非常有造诣，他既是事实的信徒，又是最高抽象概念的大师。

——亚历山大·贝恩（苏格兰哲学家和心理学家）

亚里士多德获称归纳法之父的原因有二：首先，他从理论上清楚地认识到归纳法的基本原理，并深信不疑地展示了这些原理，这令现代人惊叹不已；其次，他首次全面尝试将这些原理应用在希腊人的所有科学中。

——威廉·昂肯（德国历史学家）

我们对亚里士多德的政治哲学越是钦佩，就越是对他后继者的作品钦佩。与柏拉图相比，亚里士多德更少受想象力的引导，他能更仔细地审视现实，更敏锐地认识到人的需要。

——布伦奇利

在我看来，亚里士多德不仅毫无疑问是古代最伟大的人物，而且是地球上有史以来最伟大的智者。

——乔治·J. 罗曼尼斯

亚里士多德继承了柏拉图的所有智慧（他能够很好地继承这些智慧），他认为人真正的善，莫过于按照其灵魂应有的卓越性，即思想、推理和实践的卓越性，充分发挥人的能力。

——托马斯·希尔·格林（德国哲学家）

在具有判断力的人眼中，亚里士多德无疑是有史以来受过最好教育的人，正如在但丁的时代，人们仍然称他为"知识分子的大师"一样，我们也有理由不仅将亚里士多德视为古代教育的最佳代表，而且将他视为一般教育中最值得借鉴和学习的榜样。为了充分发挥亚里士多德的榜样优势，在讨论他的教育理论之前，我们最好先了解一下他的生平、思想发展过程以及作品。

亚里士多德大约于公元前 384 年出生在希腊色雷斯靠近马其顿边境的斯塔吉拉殖民地。他的父亲尼科马库斯是一位有名望的医生，著有多部医学著作，是马其顿国王阿明塔斯的亲信。他的母亲法斯提斯是这个地方早期定居者的后裔。毫无疑问，正是在父亲的指导下，小亚里士多德开始对物理研究感兴趣，而他也注定要在这方面取得杰出的成就。然而，亚里士多德在很小的时候就失去了双亲，随后他来到阿塔奈斯的普罗克塞纳斯门下求学，而普罗克塞纳斯似乎也对他尽到了责任。十八岁时，亚里士多德前往雅典接受高等教育，进入柏拉图的学园学习。他在这里待了将近二十年，聆听柏拉图的教诲，获得了大量的信息，这些信息后来被他整理成演讲稿和科学论文。无论是艺术、科学、宗教、哲学还是政治，没有什么是亚里士多德没有涉猎的。亚里士多德家境殷实，他似乎很早就开始收藏图书，并以获得百科全书式的知识为目标。关于他的学习方法，我们知之甚少；但我们听说，他有时会协助柏拉图工作，而且非常注意自己的着装。很明显，随着时间的推移，他在思想上超越了他老师的学说，甚至摒弃了其中最基本的学说，即关于理念自在的学说。但是，他对老师的尊敬从未减少。柏拉图去世后，他与学园新任园长的儿子色诺克拉底一起退隐到了阿塔奈斯，这个地方是他的老监护人普罗克塞纳斯和他的学术伙伴赫米厄斯（现在是这个地方的国王或暴君）的家。他在这里待了三年，与他的朋友保持着最亲密的关系，直到后者被波斯人背信弃义地杀害。然后，亚里士多德带着赫米厄斯的侄女皮提阿斯来到了米提利尼，他对皮提阿斯一往情深，并娶她为妻。亚里士多德在德尔斐为他死去的朋友竖立了一座雕像，并为他献上了一首诗，我们将在下文看到更多关于这首诗的内容。大约公元前343年，当亚里士多德四十多岁时，他被召到马其顿，担任菲利普国王十三岁的儿子亚历山大的家庭教师。亚历山大是他父亲的老雇主阿明塔斯的孙子。亚里士多德在这个职位上工作了大约三年，取得了卓越的成就，可以肯定地说，从来没有如此伟大的老师，培养出如此优秀的学生。至少在后期，亚里士多德和亚历山大似乎一直住在斯塔吉拉，直到这座城市被菲利普攻占并摧毁，居民四散逃亡。在征服者的允许下，亚里士多德重新召集了居民，重建了城镇，制定了法律，并在附近的米耶扎仿照学园的样子修建了一座体育馆和公园，他称之为"仙女的神殿"。他似乎和自己的亲传弟子以及其他几位拜他为师的年轻人一起隐居，其中包括提奥弗拉斯图斯和命运多舛的卡利斯提尼。亚里士多德可能就是在这里养成了边走边讲的习惯，后来他的学校也因此而得名。当十六岁的亚历山大加入他父亲的军队时，亚里士多德仍继续在米耶扎的学园教书，甚至在普鲁塔克的时代，即四百多年后，米耶扎的学园仍然存在。但在公元前335年，亚历山大（前一年接替了他被谋杀的父亲的王位）准备入侵波斯时，亚里士多德搬到了雅典。他发现自己的老朋友色诺克拉底此时是雅典学院的院长，于是他以公共教师或教授的身份在吕克昂建立了自己的学校。吕克昂是伯里克利时期的体育馆，似乎主要供下层阶级和外邦居民使用，亚里士多德也是其中一员。作为一个外邦人，作为胜利者马其顿人的朋友（三年前，马其顿人在查洛尼亚击溃了希腊的力量，永远夺走了希腊的自治权），作为柏拉图派的对手，作为一个富有的、衣冠楚楚的绅士，亚里士多德面临许多的敌人和诋毁者。但是，他的行为似乎没有任何问题，以至于他的敌人无法对他提出正式指控。他的学生非常多，而且大部分都是外邦人，这对后来的思想进程不无影响。亚里士多德每天坚持写作、教书、锻炼身体。上午，他以严格正规和科学的方式，为少数人讲授较深奥的科学内容；下午，他则与少数听众讨论较为通俗的话题。前者被称作他的深奥论述，后者被称作他的通俗论述。

从公元前335年到公元前323年的十二年间，亚里士多德第二次在雅典定居。在此期间，他创作了自己一生中大部分的伟大作品，并试图以百科全书式的方式总结他一生中包罗万象的研究和思想成果。然而，亚里士多德并不急于将自己的成果记录在案，直到他有了一致的看法，他才敢以明确的方式论述世界的任何一个方面。因此，他的每篇论文都是一个伟大思想整体的一部分。如果他成功地完成了他的计划，他就会给世界留下一套科学体系。即使在今天，我们在任何一个人的作品中也找不到与之相媲美的著作。然而，遗憾的是，亚里士多德的计划没有完成。即使是他已经写下的作品，也只有一部分流传下来。但是，这部分作品足以让亚里士多德成为所有科学工作者中的佼佼者。他的一些作品，如他的《逻辑学》《形而上学》《伦理学》和《政治学》，至今仍在这些学科的文献中占据首位。我们几乎不可想象，一个人如何能够完成他所做的一切，而且是在如此众多的不同的领域完成这一切。毫无疑问，他有秘书、博学的奴隶和弟子等帮手；而且可以肯定的是，他从他的亲传弟子那里得到了慷慨的帮助，这使他能够做很多事情，特别是在物理和政治研究方面，因为这些事对一个穷人来说是不可能完成的；但是，即便在考虑到所有这些因素之后，亚里士多德取得的成就仍然近乎是一个奇迹。

在亚里士多德在雅典工作的这些年里，他的地位越来越不稳固。反对马其顿的人一直在伺机除掉他，只是因为害怕亚历山大大帝不高兴，他们才不敢公开这样做。即使知道亚里士多德招致了他的老学生的不满，他们也不敢对亚里士多德发动攻击；但到了公元前323年，当亚历山大大帝突然去世的消息传来，全希腊都感到，现在是永远摆脱可恨的马其顿人、恢复自由的时候了。于是，他们马上把自己长期积累的仇恨发泄出来。他们不得不翻出亚里士多德为纪念赫米厄斯而写的旧诗，并以此为依据指控亚里士多德不够虔诚——这种指控总是轻而易举，而且总能引起民众强烈的偏见。根据雅典法律，此类案件的被告如果愿意，可以在审判前随时离开城市，以逃避惩罚。由于亚里士多德不像苏格拉底那样是雅典公民，他没有理由拒绝利用这一自由选择。因此，亚里士多德说，他不会自愿让雅典人第二次对哲学犯罪。于是，亚里士多德回到了他在欧比阿的查尔奇斯的乡间别墅，也就是他母亲的老家，在这里等待事态出现新的转机。事实上，不久之后，新的转机就来了，雅典不得不向安提帕特敞开大门。但是，在此之前，亚里士多德已经与世长辞了。他于公元前322年，也就是德摩斯梯尼去世前不久，因长期胃病的折磨而去世。据说他的遗体被运到了斯塔吉拉，在那里，心怀感激的居民为他的遗体竖起了祭坛，并向他致以神圣的敬意。亚里士多德的图书馆和他的作品手稿留给了泰奥弗拉斯托斯，后者继承了他在吕克昂的职位。亚里士多德的遗嘱也流传了下来，与我们所知道的关于他的其他一切，一起见证了他高尚、善良和正义的品格。

——•第二章 亚里士多德的哲学•——

柏拉图在思考,亚里士多德在写作。

——阿尔弗雷德·德·缪塞(法国诗人、小说家、剧作家)

实体有三类。其中有两类是可感知的,这两类中有一种是永恒的,另一种是易逝的。对于永恒的实体,我们必须考察它的要素,看看它们是一个还是多个。第三类实体是永恒不变的实体,即有些思想家所谓的独立而自足的实体。

——亚里士多德

我们必须思考宇宙以何种方式包涵善和至善:把它当作超越自决的东西,还是当作秩序? 其实,两者同时存在。就像在任何军队中一样,军队之善既在秩序,又在将领,而且后者比前者更重要。因为将领并不是因秩序产生的,但是秩序反而是由将领确立的。

——亚里士多德

亚里士多德的思想,无论在方法上还是结论上,都与柏拉图不同。柏拉图受到毕达哥拉斯、巴门尼德、赫拉克利特和苏格拉底等人学说的浸润,自然而然地开始在超感性的心灵领域中寻找真理,并认为他在个人意识通过辩证过程而达到的观念中找到了真理。他据此提出了自己的学说,这种学说尽管其表面上的目的是巩固社会,但实际上却使人们完全脱离社会,并加剧了它所要整治的个人主义思想的泛滥。亚里士多德还在柏拉图的学园里时,就已经远离了这种学说,在亚里士多德去世之后,他从未失去过与这种学说作斗争的机会。亚里士多德可以将柏拉图的《理想国》作为一个例子,警示人们这部作品所产生的逻辑后果。但是,在这样做的同时,他准备用另一种学说取代柏拉图的学说,而他这样做的基础是对希腊神话和哲学思想全面深入的研究。

　　亚里士多德不像柏拉图那样诉诸个人意识，试图通过自我的协调来发现终极真理。相反，亚里士多德诉诸历史意识，他通过外部世界来协调和补充资料，从而努力发现真理。他认为，辩证法得出的真理只是形式上的，因此是空洞的，在实践中毫无用处，它们需要大自然的经验的填补。亚里士多德是世界上第一个理解、阐释和应用归纳法的人，并因此成为所有真正科学的奠基者。亚里士多德比他那个时代以来的任何其他人都更广泛地运用归纳法，并将其应用到一个即使是现在，也几乎不可能产生任何结果的领域，即普遍意识领域。事实上，亚里士多德处处从历史意识开始，寻求具体的真理，并通过归纳过程发现和概括历史意识的内容。之后，他将这些内容转向自然，并通过第二次归纳对其进行修正、完善和协调。如果用现代语言来表述这一点，意思就是，亚里士多德通过不断呼唤在世界中显现的神圣意识，来纠正和补充不完美的人类意识。现代研究者的错误在于，他们只使用了归纳法的一半，即客观方法，而完全忽略了主观方法；或者像柏拉图一样，只将其应用于个人意识。因此，在政治学、心理学等许多科学领域，我们仍然可以看到大相径庭的结果。因此，大量科学非但没有纠正、拓宽和协调共同意识，反而与之完全背道而驰，甚至直接对立。一个人在撰写心理学论文或关于灵魂的论文之时，如果没有费心去探究"灵魂"在人类的普遍意识中意味着什么，或者只是从一种完全个人化的观念出发，那么他就很难发现其他的结果。亚里士多德忠实于他的归纳法，他在《论灵魂》中，用反思或笼统的方法来探究"灵魂"在历史意识中的含义。然后，带着得出的这个含义，他走到自然界，通过归纳法寻求自然界对此的看法，并遵循自然界的回答。因此，亚里士多德的思想深深地扎根于这个世界，并以实用的方式影响着这个世界，这是其他人的思想从未做到过的。因此，在所有古人中，亚里士多德是一位让现代科学家肃然起敬的人。如果我们现在扪心自问，亚里士多德归纳理论的基本思想是什么，他的世界观是什么，我们发现答案是这样的：神性智慧在人类意识的历史进程中主观地揭示自身，在外部世界的自然进程中客观地揭示自身。人类的真理就是这两种启示的和谐统一。由此直接得出的结论是，科学家必须公正地考虑这两种启示。因此，举例来说，如果他在历史意识中发现了神，在自然界中发现了规律或力量，他就无权像神学家那样把后者并入前者，或者像物理学家那样用后者取代前者。他必须保留二者，直到他能使它们和谐一致。只有到那时，他才算真正了解这两种启示。

亚里士多德的哲学非但没有把人们从自然和历史的世界中吸引出来，把人们局限在自己意识的狭小范围内，反而把他们送回到自然和历史的世界中去，因为这是实现人类福祉的唯一途径。正因为如此，亚里士多德的哲学才对社会生活和科学产生了如此巨大的影响。然而，如果我们认为，在亚里士多德看来，神不过是一种内在的观念，在自然界中作为一种力量形式，在心灵中作为一种思想形式起作用，那我们就大错特错了。他的确认为神性就是这一切，但并不是神性的全部。在自然界和人类所决定的神性之上，还有更高层次的心灵，它能够决定自身，它与神性的关系就像太阳与光的关系、人类的心灵与人类的思想的关系、将军与军队秩序的关系一样。在这里，我们已经远离了泛神论，虽然我们还没有上升到清晰的人格概念，但我们已经有了一个有意识的"宇宙掌舵人"，这个掌舵人成为法律和秩序的源泉。人类超越了通过自然认识自己、通过自己认识自然的思想。他认为人类可以进入神的意识，成为"最甜蜜、最美好"的生活的参与者。亚里士多德思想的这些特点，在十三世纪被基督教会在反对泛神论的斗争中所接受，并为以托马斯·阿奎那为代表的、一种不像新柏拉图主义者那样的神秘主义的高级神秘主义的产生铺平了道路。这种神秘主义并不像新柏拉图主义者和佛教徒的神秘主义那样，放弃了思想，在空虚中迷失自我。相反，它建立在广博的知识的基础之上，穿透感官的云雾，发现自己存在于最具体的实在之中。这种实在是一切思想和万物取之不尽、用之不竭的源泉。

第三章 亚里士多德的国家理论

首先，让我们试着列举一下过去的人们就政体问题发表过的真知灼见，然后，让我们参考《政制文集》所载史料，探究什么样的事物会维护和破坏各类政体，以及政府治理优劣的原因。如此我们也许就能更好地了解什么是最好的政体，以及各个政体适合什么样的制度、法律和习俗。

——亚里士多德

人是一种政治动物。

——亚里士多德

国家先于个人。

——亚里士多德

即便人拥有其他善的东西，但是如没有朋友，生活也没什么意思。

——亚里士多德

如果幸福是一种合乎德性的自足活动，那么它将属于最高的德性，即我们最高贵的德性。这个天然统治我们的，主宰着我们洞察着美丽和神圣的事物的部分，无论是它自身最为神圣或是我们最为神圣的部分，它合乎德性的自足活动将是完美幸福的。关于这一点，我们已经说过了……这的确是最高的自足，因为理智是我们的最高部分，它的对象是可知界最高者……但这种生活将是高于人类的生活；因为过这种生活的人不是作为人生活，而是作为某种神圣主体而生活……那么，如果说理智对于人来说是神圣的东西，那么按照理智所过的生活，对于人的生活来说也一定是神圣的。因此，我们不应该听从那些人的建议，说因为我们终将一死，所以把心思放在凡人俗物上即可。相反，我们的责任是尽可能地做不朽之事，尽我们所能按照最高部分生活。

——亚里士多德

啊，充盈的恩典，

我竟得以定睛凝视永恒之光，
直至双目被它的辉煌灼伤！
在那深渊中，我看见爱被装订成一部书卷，
宇宙间散落之物尽数被其收入。
实体与偶然，一切形态，融为一体，
我之所见唯有纯粹之光。
我已目睹宇宙纽结的终极形式，
因为每当我说起这些，便觉喜乐丰盈。

——但丁

柏拉图撰写教育著作的主要目的，是为其故乡雅典的社会和道德状况提出补救措施。亚里士多德则不是出于这样的目的。从更深远的意义上来讲，亚里士多德是一个世界主义者，他的著作是为了科学和普遍的实用性。他的视野并不局限于雅典，甚至也不局限于希腊（尽管他为自己是希腊人而深感自豪），而是涵盖了整个已知世界的时间和空间。柏拉图所熟悉的主要是埃及和希腊历史上的制度，但亚里士多德不同，他深受未来趋势的影响。尽管他最为强调，要构建合理的社会理论，就必须了解过去。但是，他还宣称，整个过去都是由未来的东西、由最终将要实现的东西所塑造的。这种观点以一种自相矛盾的方式体现在他的名言"国家先于个人"中。他的意思是，人的政治本性使人之为人，同时人又在国家中实现自己。这就引出了亚里士多德的国家观。在讨论亚里士多德的教育理论之前，我们必须先考虑亚里士多德的国家观，因为对他来说，正如对所有古代人一样，教育是国家的职能，至少主要是为了国家的目的而进行的。

在大胆地提出他的国家理论之前，亚里士多德忠实于他的归纳原则，撰写了二百五十多个不同国家的《政制史》。其中的一部《雅典政制》最近被发现并出版。亚里士多德认为，只有通过广泛的归纳，才能发现国家的理念，即国家的自我实现的形式。通过这种方法，他得出的结论是：国家是确保人类最大的善或幸福的最高社会制度。在之前的文章中，他确信这种善就是"德性"，而"德性"在任何情况下都是人充分发挥自己的特性或辨别能力的结果。因此，亚里士多德得出结论说，既然理性指的是人的辨别能力，那么国家就是确保人最充分、最自由地发挥理性的机构。由此可以直接得出结论：国家是唯一的最高教育机构，国家就是一所大学，所有其他机构都只是它的预备机构。亚里士多德还得出了两个结论：（1）国家的构成因其所包含民族的不同教育需求而异；（2）既然所有教育都不过是为某种有德性的活动作准备，那么政治教育，即人作为公民而生活的教育，不过是为最高级的活动作准备，而最高级的活动本身就是目的。亚里士多德认为，这种最高级的活动只能是沉思，即对神的憧憬。

亚里士多德的这一学说产生了撼动世界的影响。柏拉图为一小部分经过挑选的超脱城邦者立下规范，从而为宗教修道和禁欲主义铺平了道路，而亚里士多德则坚持认为，在每个文明人身上，都有成为超脱城邦者，或者说，都有超人和神性的部分潜质。为了完全实现这部分潜质，人的所有其他部分，以及体现这些部分的国家都只是手段。在这里，我们看到了但丁关于教会与国家关系的全部理论雏形，而这一理论是所有现代政治的基础。无论人们对这一事实的认识有多么肤浅。在这里，我们确实看到了《神曲》的整个框架；在这里，我们也有了"至福意象"的教义，这一教义长久以来一直影响着，而且在很大程度上仍然影响着基督教的生活。但丁可以称亚里士多德为他的导师！教会的伟大学者们称亚里士多德为"哲学家"和"基督在自然事物方面的先驱"。彼得·拉姆斯、路德、布鲁诺和培根对亚里士多德的贬低和诅咒都是徒劳的！亚里士多德对我们今天的思想和生活的影响力比它对过去二十二个世纪的影响都要大。

也许有人会问，亚里士多德认为，神性生活在多大程度上，以及以何种形式存在于世间呢？亚里士多德的回答是，虽然神性生活不可能完美地或持续地实现，但在某种程度上和某些时候，它是可以实现的。就社会生活而言，这就是友谊或精神之爱的生活。亚里士多德在《伦理学》中用了将近两卷的篇幅来论述这种生活，这些书比他现存的任何其他著作都更能让我们认识到他个人的纯洁和价值。亚里士多德坚持认为，友谊是至高无上的祝福，"无论一个人的本质是什么，或者他选择为了什么而活着，在他的一生中，他都希望在朋友的陪伴下度过"。甚至有人说，亚里士多德在吕克昂教书时,把一群高尚的青年和认真的学生聚集在他身边,把他们组成一种团体,就是为了过上真正精神上的社会生活。

第四章　亚里士多德的教育理论

自然是万物之始。

——亚里士多德

当人类天性中的激情被完全压抑,它们会愈演愈烈;但它们被适度地予以引导,人们会享受到有分寸和节制的快乐,从而得到抚慰,得到净化,并最终以一种温和而非粗暴的方式停止。因此,在悲剧和喜剧中,通过观看他人的激情,我们可以平复自身的躁动,使其更加温和,并得到净化;同样,在神庙仪式中,通过观看和聆听凡俗之事,我们可以免受沉溺其中带来的伤害。

——扬布利科斯(新柏拉图主义哲学家)

对自己身体的养护必须先于对灵魂的爱护,其次是规训欲望,最后才是培育理性。我们规训欲望是为了获得理性,强健身体是为了自己的灵魂。

——亚里士多德

在古代,很少有人对堕胎行为进行强烈的谴责……一种生命理论认为,胎儿直到出生时才成为生命体,这种观念深刻影响了当时的人们对堕胎的伦理判断。胎儿的死亡并不能强烈地激发起人们的同情心,那些尚未对"生命神圣性"有任何强烈认识的人,那些认为他们可以根据社会的整体利益,用功利主义观点来规范他们在这些问题上的行为的人,可能很容易得出结论,认为在许多情况下,阻止出生是一种仁慈的行为。在希腊,亚里士多德不仅支持这种做法,甚至希望在人口超过一定限度时,通过法律强制执行。在希腊、罗马共和国或帝国的大部分时期,没有任何法律谴责这种做法……基督徒的观点从一开始就截然不同,他们坚定不移地强烈谴责这种做法,认为这不仅仅是不人道的,而且是绝对的谋杀。

——勒基《欧洲道德史》

亚里士多德已经清楚地看到,如果不通过严格和积极的法律加以抑制,人类天生的强烈增殖倾向将会彻底毁灭所有建立在财产平等基础上的制度;而要论证这类制度的荒谬,恐怕没有比亚里士多德本人提出的这种法律更能显示其矛盾的了……他似乎充分意识到,鼓励生育而不提供适当的抚养,虽然会使一个国家的人口略微增加,但却以民生疾苦的加剧为代价。

——马尔萨斯《人口论》

考虑到亚里士多德关于人、人的目的和国家的职能的观点,例如,人是被赋予了理性的存在,人存在的目的是充分实现理性这一对人最为重要的能力,国家是实现这一目的的手段等,我们就不难理解亚里士多德提出的教育制度的特点与方法。

读过歌德的《威廉·迈斯特的学习时代》的读者一定还记得该小说第二部分对"教育学省"的描述。现在,亚里士多德描绘的国家完全可以被称为这样的"教育学省"。我们很难从头描述亚里士多德笔下的国家及其履行职能的方式,因为从整体上看,国家既是教师又是学生。一方面,它安排了整个教育计划,因此它可算作教育之原因;另一方面,它又由这一计划建立起来,因此它可作为教育之结果。因此,国家既是教育的起点,也是教育的终点。它是一所安排整个教育计划的大学,其本身也是教育的最高等级。为了克服这一困难,我将把国家的本质与国家的行为区分开来,先从前者说起,再将后者道来。

关于国家是什么,我们必须考虑它的自然条件和它的社会条件。前者是指气候、领土的范围、性质和状况;后者是指居民的数量和特征、财产规定、阶级区分、城市建筑、生活方式、政府以及与其他国家的关系。

亚里士多德认为他的国家有温和的气候,理由是寒冷的气候使人变得强壮果敢,却迟钝愚笨;炎热的气候使人变得聪明能干,却过于温柔。最好的气候是能使人既勇敢又聪明的气候。其次,国家的土地必须足够广阔、足够肥沃,能够为居民提供生活所需的一切物质条件,以满足他们的劳动需要,激发他们的活力,但又不至于耗尽他们的精力。它必须面向东方或南方,有益身心、水源充足、海陆交通便利、易守难攻。

至于社会条件,亚里士多德认为最重要的是公民人数。这里有两点必须牢记。(1)他所说的"国家"其实指的是领土面积较小的城市。人们以为这里的"国家"指的是亚里士多德所说的最高社会共同体,这其实是一种误读。亚里士多德对民族和邦联的区别讲得非常清楚;但他认为它们的存在只是为了物质目的,而国家则具有精神的目的。(2)他所说的"公民"指的是政治家。一个人之所以是公民,不是因为他出生或居住在一个国家,而是因为他是国家职能的分担者。一个由技工组成的国家,无论其人数有多少,都是一个小国,而一个由奴隶组成的国家则根本不是国家。因此,在估计一个国家的大小时,我们要考虑的是它的居民的特点,考虑他们是否适合担任政治职务,而不是他们的人数。从此种意义上来讲,在马拉松战场上,小小的雅典是一个比巨大的波斯大得多的国家。亚里士多德规定,公民人数必须足以确保国家的独立,这对一个文明国家来说至关重要,但是,公民人数也不能多到难以管理。除了公民之外,国家还必须有大量的其他人,比如奴隶、农夫、技工、水手,所有这些人都被亚里士多德排除在公民之外,理由是他们不把美德即实现理性,作为他们生活的目的。从某种意义上说,如果妇女属于公民家庭的家庭成员,那么妇女也是公民,但她们的活动范围仍在家庭之中。

关于财产,亚里士多德首先考虑的是,财产对哪些事物来说是必要的。他发现这样的事物有六种,其中三种是私人的,三种是公共的。前三种是食物(包括衣服和住所)、生产工具和武器;后三种是公共事业(民事的和军事的)、宗教和法律。这些都是国家的"必需品",是国家必须适当地提供的东西。亚里士多德到处强调,在这些东西中,最重要的是宗教。关于财产分配,亚里士多德提出了一个半社会主义的方案:所有土地都属于国家,即自由公民团体。土地将分为两等份,一份用于公共用途,另一份用于私人用途。公共部分的收入用于支持宗教(和法律)和公共食堂,任何公民都不得因贫穷而被排除在外。私人部分的分配方式是,每个公民在城市附近和边境附近各拥有一块土地。这将使他有兴趣保卫整个领土。这两部分土地都将由农奴或奴隶耕种,其中一部分属于国家,一部分属于私人。拥有土地是成为公民的一个条件,国家禁止所有公民从事任何形式的生产活动,因为国家希望这最后一条规则能够防止严重的贫富不均，以及由此产生的弊端。任何公民获得财产的目的应该仅仅是通过它以获得适当的能力。只有堕落的人、没有美德的人，才会渴望更多财产。

关于阶级的区别，我们已经有些许了解。亚里士多德认为国家应分为两个阶级：统治者和被统治者。他认为，这种区分贯穿整个自然和精神世界，是存在本身之基。形式与物质、客体与主体、丈夫与妻子、父母与子女、主人与奴隶等，莫不遵循此种区分。统治阶级又分为两部分：一部分是思考者和决定者（立法者和法官），一部分是执行者（官员、军官、士兵）；而被统治者又分为农夫、技工和海员（水手、渔夫等）。所有被统治阶级的成员都是农奴或奴隶，他们不是为自己工作，而是为主人工作。亚里士多德认为，这些奴隶应该是来自不同种族的野蛮人，而不是希腊人。

城市的建筑在某种程度上也与这种社会划分相一致，因此城市建筑自然分为军事、宗教和民用三个部分。首先，城市必须有城墙。这些城墙应该有适当距离的塔楼和堡垒，并尽可能美观。如果可以的话，神庙和地方行政长官的办公场所应一起矗立在坚固的城堡上，醒目地主宰着整座城市。与之相邻的应该是自由人广场，这个广场将完全为统治阶级保留，没有任何商业或商品的干扰。这里应该矗立着为年长公民准备的体育馆，这样他们就能接触到地方行政长官，并受到"真正的尊敬和自由人的敬畏"。市集广场的布置必须方便海陆货物的运输。这适用于除广场以外的所有民用建筑，我们将在下一段中详细讨论。

统治阶级的生活方式必然与被统治阶级的生活方式大相径庭。对于后者，亚里士多德无话可说。他对这一阶级不怎么抱希望，只是希望他们能够心安理得地处于从属地位。由于被统治阶级没有政治生活，所以他们只剩下家庭生活。相反，统治阶级在很大程度上生活在公共场合，依靠公共资金。他们在公共健身场所锻炼，在公共食堂用餐。地方长官的食堂在城堡里，祭司的食堂在神庙附近，管理商业事务、街道和市场的地方长官的食堂在市集广场附近，而负责城市防御的长官的食堂则在塔楼上。不处理公共事务时，市民可以在自由人广场聚会，享受露天交谈、音乐、诗歌和哲学，总之，市民可以享受"活动"（我们的语言中很难找到与希腊语"διαγωγή"对等的词，在此将其大致译为"活动"）。随着年龄的增长，公民享受的活动越来越多，事实上，这不论是在现在还是将来，都被视为生命快要终结的标志。

亚里士多德提出，政府应该完全掌握在自由公民手中，立法权和审议权应掌握在年长者手中，行政权、民事权和军事权应掌握在年轻人手中。奇怪的是，虽然这是亚里士多德认为的在一般情况下最好的安排，但他还认为，一个国家最幸福的状况，是由某个在智慧和善方面远远胜过其他人的圣人或英雄来治理。显然，他认为庇西特拉图就是这样一个人，也许他希望亚历山大也是这样的人。

"教育国家"与其他国家的关系应尽可能保持和平，正如所有的劳动都是为了休息和活动，所有的战争也都是为了和平。一个有教养的国家会摒弃一切征服的企图，不愿意对另一个国家实施暴政，当然，也不愿意接受另一个国家对其施加暴政。与此同时，它将时刻作好战争准备，拥有一支训练有素、全副武装的军队，以及一支装备精良、人员充足的舰队。

这就是亚里士多德的理想国的主要特征，他认为这个理想国是以人类的政治本性和过去的历史为基础的。像所有的社会理想一样，像通常所设想的天堂一样，这个社会是静态的，它的制度被一劳永逸地固定下来，并受到人们的竭力维护。令人好奇的是，亚里士多德与色诺芬的理想有许多不谋而合之处。

亚里士多德认为，国家的目的是教育公民，使他们具有美德。美德是国家的生命原则，它不像其他条件那样取决于自然或机遇，而是取决于自由意志。理想的国家和其他国家一样，必须以自身的制度为教育目标，因为只有这样才能维护这些制度。"而且，既然国家作为一个整体只有一个目标，那么所有公民的政治教育显然也应该是相同的，这是国家应该关注的问题，而不是像现在几乎普遍的情况那样，任由个人任性而为。现在，每个父母都关注自己子女的教育，给他们提供任何符合自己喜好的学校教育。"对于国家成员中的非公民的教育，亚里士多德没有给出任何规定。这些非公民通过履行自己的实际职责来学习，完全受公民的控制。亚里士多德竭力证明，奴隶制在大自然中是合理的，大自然在希腊人和野蛮人之间建立了主人和奴隶的关系。由于妇女属于家庭,所以她们只是间接地成为国家的公民,因此她的教育被委托给家庭。女儿由父母教育,妻子则由丈夫教育,这与色诺芬的建议是完全一致的。在得出教育应由国家立法并对所有公民一视同仁的结论之后,亚里士多德接着说:"剩下的问题是教育的性质和传授方法……目前的教育状况使这个问题完全陷入了混沌状态,似乎没有人知道,我们应该教授那些助人谋生的科目,还是教授那些培养德性并让人最终取得成就的科目,所有科目都有自己的拥护者。至于那些以德性为目的的学习,由于不同的人对什么是令人钦佩的德性有不同的看法,因而对培养德性的手段也存在分歧,所以没有达成普遍的一致意见。不过,有一点是非常清楚的,那就是那些有用的、必要的东西是应该教的。但同样清楚的是,应该区分通识教育和非通识教育,应该教授那些不会把学习者变成工匠的有用的科目。我们应该把每一种使得自由人的身体、灵魂或智力不适于美德的使用和实践的职业、艺术或学习,都看作一种技艺。因此,我们称所有降低身体条件的艺术为技艺,并将这一术语延伸到商业领域,因为它们占用和降低了智力。至于文学艺术,如果人们只是对它们略知一二,这一般不会剥夺人们的自由,但为了获得专业技能而对它们过度投入,就容易引起上述反对意见。我们做一件事或学习一件事的目的也大不相同。如果一个人做一件事是为了自己、为了朋友或为了德性,那这是自由的,而如果他做一件事往往是为了其他人,那他就会被认为是在做一些唯利是图或具有奴性的事。"

下一个,也是最重要的问题是:国家应为何种目的进行教育——为事务之目的还是为休闲之目的?在回答这个问题时,亚里士多德完全摆脱了古希腊和柏拉图的传统,认为虽然国家必须为这两个目的开展教育,但休闲教育远比事务教育更为重要。"自然要求我们,"他说,"不仅要正确地从事事务性活动,而且要求我们能够优雅地利用闲暇时间。如果必须而者兼得,那我们就必须兼得;但闲暇比事务更可取。我们最终的问题必须是,我们应该在什么样的工作中度过我们的闲暇时光。如果一个人说,我们的闲暇时间就是用来玩耍的,玩耍是我们生活的目的和目标,那么这种话真的很差劲。如果玩耍不是我们的目的,而事实上,工作就是游戏的适当场所

（正在劳作的人才需要娱乐，而娱乐正是游戏的目的，因为工作是伴随着劳累和紧张的），那么在开展游戏时，我们应像服用药物一样，必须选择在适当的时间进行。事实上，所有这些灵魂的运动都是一种放松，并因其带来的愉悦感而成为娱乐。与此相反，闲暇本身就被认为包含着快乐和幸福的生活。这些都属于那些有闲暇的人，而不是那些从事事务性劳动的人。人们处理事务的时候往往带有某些别的目的，而幸福本身就是目的。根据人们的普遍观念，幸福带来的不是痛苦，而是快乐。当然，关于这种快乐的性质，目前众说纷纭，每个人都因自己的性格和习惯而有自己所偏好的快乐。而最高级的人喜欢最高级的快乐，喜欢从最高尚的事物中产生的快乐。我们不需要进一步的论证来说明，我们应该在某些事情上接受指导和教育，以便让我们的闲暇时光过得更文明，因为闲暇本身就应该是目的。对闲暇的指导和对事务性活动的指导是不同的，对后者来说，指导是必要的，而且是有着隐秘目的的。"

亚里士多德提出了适用于所有教育的三条原则：（1）身体训练的时间应多于心智训练的时间；（2）应先教学生做事，然后再教他们做事的理由和原则；（3）学习绝不是玩耍，也不是为了玩耍而学习。亚里士多德所划分的教育阶段包括：（1）童年。这一阶段从出生开始一直到七岁，孩子们在此阶段健康成长，为后来的教育作准备；（2）少年。这一阶段从八岁开始持续到青春期到来。此阶段主要接受较为轻松的身体和精神教育；（3）青年。从青春期开始到二十一岁结束，在此阶段青年们将接受较为严格的教育；（4）成年。此阶段的教育专注于培养人履行对国家的职责。所有这些都是为了灵魂的神圣生活作准备。接下来，我们将在下面的三个章节依次讨论这几个阶段的教育。

──•第五章　头七年的教育•──

稚嫩的青春寓所禁止猥亵或下流的言语。

——尤维纳利斯（古罗马诗人）

处子之心如深瓶，

如初注之水已污浊，

纵使汪洋也难涤沉疴，

因为深渊无底，而污痕永沉。

——阿尔弗雷德·德·缪塞（法国浪漫主义诗人、小说家、剧作家）

国家必须在儿童出生之前，甚至在他们的父母结婚之前，就着手对儿童的教育。这体现在，国家必须确保只有体格健壮的人才能结婚。运动员不适合结婚，体弱者也不适合结婚。男子的最佳结婚年龄是三十七岁，女子的最佳结婚年龄是十八岁。女子在怀孕期间必须特别注意身体健康，饮食清淡，并进行短途散步。国家应制定法律，规定孕妇每天都要去某些神庙祈祷，感恩神明让她们获得做母亲的荣耀。孕妇必须小心，避免各种可能的激动情绪。有缺陷的孩子出生后就要被杀死。国家必须确定每对已婚夫妇可以生育的子女数量，如果超过这个数量，则必须在孩子出生前或出生后将其杀死。"孩子一出生，就应该记住，他们未来的力量在很大程度上取决于给他们提供的营养。""最好以牛奶为食，必须避免饮酒。""同样重要的是，儿童应进行适合其发育阶段的运动……凡是要让儿童适应的，都应从一开始就让他们适应，并循序渐进。儿童天生体温较高，因此适宜对他们进行寒冷教育。在儿童生命的最初几年，应该注意这些问题和其他类似的问题。在接下来的几年里，一直到五岁，虽然不应该对孩子进行任何教育或严厉的管教，因为担心这会阻碍他们的成长，但是他们也应该进行锻炼，以防止他们的身体变得迟钝。这种锻炼可以通过其他形式的活动和游戏来实现。必须注意，他们的游戏既不能粗俗或过于劳累，也不能太懒洋洋的。至于孩子要听的对话和故事，那是那些被称为公共教育监护人的官员要注意的问题。应该注意的是，所有这些事情都是为了孩子将来的业余爱好铺平道路。因此，所有的游戏都应该与孩子未来的学习类型有关。此外，不应禁止孩子尖叫和哭闹。但是，有些地方还是禁止了这类行为。其实，尖叫和哭闹可以作为一种体操锻炼，帮助身体的成长。就像从事艰苦劳作的人通过屏住呼吸来增强体力一样，孩子也会通过尖叫来增强体力。公共教育监护人有责任为孩子提供娱乐，并尽可能减少他们与奴隶的接触。当然，在这个年龄段，他们自然会耳濡目染地学到不当的言行举止。至于粗言秽语，当然应该像其他一切粗俗的东西一样，禁止出现在所有社会中（因为轻浮不洁的言语很容易导致不洁的行为）。但最重要的是，要让年轻人既听不到，也说不出这样的话。如果有孩子被发现说了或做了被禁止的事，如果他是自由民的孩子，而且还不到被允许上公共食堂的年龄，就应该让他感到羞耻并对他进行体罚；如果他年长一些，只要像奴隶一样让他蒙羞就足够了，因为他的行为像奴隶。如果我们禁止提及一切不正当的事情，那么我们就更有理由禁止观看一切不正当的图片和聆听一切不正当的叙述。公共教育监护人的职责应该是，确保国家的任何地方，都不存在代表任何此类事物的雕像或画像，除非在某些神庙里，普遍的信仰认为这个神庙里的神灵具有某些恣意妄为的行为……应该制定一项规定，禁止年轻人在达到可以上公共食堂和饮酒的年龄之前，以及在教育已经使他们能够抵御这些东西可能带来的一切危险之前，观看讽刺作品或喜剧……因为我们都喜欢自己最先知道的东西，所以，应该让孩子们远离所有卑鄙或无耻的事物。在五岁到七岁期间，孩子应该参与他们以后必须接受的各种教育。"

在这篇关于初等教育的简短文章中，我们看到，亚里士多德并没有远离柏拉图的观念。文章甚至包含了柏拉图计划中令人厌恶的特征。它假定公民——男人、女人以及到达一定年龄后的儿童——在公共食堂用餐，教育完全由国家来管理，在这方面，家庭只是国家的代理人。亚里士多德的教育理论的一些特征，包括公共教育监护人的思想，显然是从斯巴达那里借鉴过来的。

——·第六章　七岁到二十一岁的教育·——

最崇高的天性正是最需要教育的天性。

——苏格拉底

我们行至一座巍峨的城堡之下，

这座城堡被七重高墙环绕，

一条清澈的溪流在其下蜿蜒流淌。

我们越溪而过，就像迈在坚实的大地上；

我们跟随这些哲人穿过七道门庭，

来到一片青翠欲滴的草地上。

——但丁

　　亚里士多德以青春期的到来为界，将七岁到二十一岁的教育分为两个阶段。他也大体上认同他那个时代惯用的学习方法。亚里士多德说："这一时期的学习包括四个分支：文法、体育、音乐和绘画。最后一个分支的学习并不普及。教授文法和绘画是因为它们在日常生活中能用到，而且用途还很广泛；教授体育是因为它们能培养男子汉气概，而音乐的用途则值得怀疑。"

　　亚里士多德对于文法的论述不多，只是说它们在日常生活中是必需的。他拥护荷马，反对柏拉图，并花了很长的篇幅讨论戏剧的价值。他不像柏拉图那样，认为儿童不应该看到和听到任何会激发他们情感的东西，相反，他坚持认为，只有通过适当的激发和"净化"，才能训练儿童的情感，使其服从于理性。恐惧和怜悯是两种阻碍理智的激情，而悲剧唤起了这两种激情，然后以一种愉快而无害的方式将其排出。喜剧也是这样唤起快乐和欢笑的。事实上，他认为绘画的特殊功能就是作为不同激情的宣泄剂，艺术是一段理想的体验和经历。亚里士多德为我们留下了一部关于悲剧的著作，即使在今天，这部著作在悲剧作品中仍享有崇高的地位。

　　绘画是亚里士多德推荐的一门学科，它可以培养我们对艺术的品味和判断力。但他说，学习绘画不应该仅仅是为了让我们能够正确地选择这些作品，而是因为它能让我们欣赏形式的美。他还补充道："一味追求有用的东西，并不是广博或自由的标志。"

　　亚里士多德在简短地否定了文法和绘画之后，转而论述体育和音乐，并分别用了相当多的篇幅。将体育与音乐区分开来。他将"体育"命名为"身体文化"，以示二者的区别。亚里士多德认为，前者赋予身体行为以特征，后者则赋予身体本身以特征。体育训练的目的既不是增强孩子的运动能力，也不是像拉塞蒙人培养他们的孩子一样，希望孩子变得勇猛。只增强运动能力并不利于身体的优美和发育，至于勇猛的目标也常常事与愿违。"因此，在我们的体育教育目标中，高尚，而非勇猛，应该占据主要地位。因为无论是狼还是其他野兽，都不曾勇于面对崇高的危险，只有高尚的人能做到这一点。而那些让自己的孩子过于沉迷于这种野性的锻炼，从而使他们在必要的方面得不到指导的人，事实上让自己的孩子成了纯粹的专业人员，只在一个方面对国家有用。而且，正如我们已经表明的那样，即使在这方面，他也不如其他人。"

　　"那么，对于体育的效用和开展体育运动的方式，人们已达成普遍共识。在青春期之前，儿童应该只做较轻松的运动，避免一切强迫节食的和剧烈的运动，这样就不会阻碍身体的发育。在奥林匹亚运动会上，无论是在男孩时期还是在成年时期都能取得胜利的例子不超过两三个。对此的解释是，有些人在童年时期因必须接受的训练而失去了力量。"在青春期到来后的三年时间里，年轻人显然很少进行体育运动，而是潜心于书法、音乐和绘画。在此之后的一段时间里，他们则要进行剧烈的运动、严格的节食，将自己的脑力消耗减少到最低限度；"因为这两种消耗自然会相互影响，身体的消耗会妨碍智力的发展，而智力的消耗也会影响身体"。

　　我们也可以从亚里士多德的笔下找到关于音乐这门学问的论述。他首先提出的问题是：音乐有什么用？它是一种娱乐，一种有教养的休闲活动，还是一种心灵体操？亚里士多德对此的回答是，音乐是这三者的结合体，为了其中的任何一个目的而研究音乐都是值得的。同时，音乐在教育中的主要价值在于它的第三种用途:培养人的心灵习惯,这一点毋庸置疑。例如,来自奥林匹斯山的歌谣唱着"让灵魂充满热情,而热情是灵魂习惯的一种感情"。亚里士多德是这样解释的:音乐能够带给我们各种快乐和痛苦,从而影响我们。但道德价值的根本在于从高尚的事物中发现快乐,从卑劣的事物中发现痛苦,也就是说,要正确地分配感情。但是,在好的音乐中,让人快乐的乐曲是与高尚的思想相联系的,而让人痛苦的乐曲是与卑下的思想相联系的;因此,我们在音乐中感受到的快乐和痛苦,是与它所伴随的思想相联系的。"正确判断的艺术、因绅士风度和高尚行为而感到愉悦的艺术,是我们应该努力学习和实践的东西。除了激情本身的自然表现之外,我们还可以在韵律和歌曲中发现愤怒、温柔、勇气、自制力及其对立面,还有其他的一些情绪。我们对这一点都深有感触;因为当我们聆听这些乐曲时,我们灵魂的情绪就会发生变化。但是,我们从节奏和歌曲中得到的适当的欢欣和痛苦的练习,使我们非常接近于现实本身带给我们的快乐或痛苦的影响。"在这里,亚里士多德区分了诉诸听觉的音乐和诉诸其他感官的艺术,更确切地说,是诉诸视觉的艺术。因为没有一种艺术诉诸触觉、味觉或嗅觉。在诉诸视觉的艺术作品中,我们所表达的激情仅仅是对身体的影响,而在音乐中,我们所表达的激情是直接从灵魂传递到灵魂的。然而,人们会被雕像和绘画深深打动,以至于不应该让年轻人去看保森的作品。但是,音乐又何尝不是如此呢?"因为和声之间存在着明显的性质差异,听众受到的影响完全不同。有些和声会使听众陷入一种哀伤或严肃的情绪中,如所谓的混合吕底亚式和声;有些和声会使听众的思绪变得多愁善感,如慵懒的和声;还有一种和声特别能使听众产生平衡的感觉和平静的情绪。这种效果仅限于多利安式和声。弗里吉亚和声能激起热情。这些都是那些专注于这一教育分支的思想家们得出的正确结论——基于实际经验的结论。不仅和声如此,节奏也是如此。有的节奏具有稳定的特点,有的则具有流动的特点;在流动的节奏中,有粗糙的动作,也有精致的动作。综上所述,音乐显然会给人的心灵习惯带来某种特性,因此,儿童应该学习音乐,并接受音乐教育。实际上,音乐教育非常适合儿童的成长阶段;因为年轻人,正因为他们年轻,所以不喜欢坚持做任何不能给他们带来快乐的事情,而音乐就是快乐的事情之一。和声和节奏（与灵魂）之间似乎也有某种亲缘关系；因此，许多哲学家认为，灵魂是一种和声，或者说，灵魂具有和谐性。"

亚里士多德在说明音乐是一门适当的教学科目之后，继续追问："儿童是否应该通过学习唱歌和演奏来学习音乐？"他的回答值得详细引述。他说："很明显，如果让孩子们自己参与表演，音乐对他们的影响会大得多。事实上，那些没有学会自己动手做事情的人，很难甚至不可能在事情做完之后，成为一个好的评判者。同时，孩子们必须有一些娱乐活动，我们可以把阿基塔斯的拨浪鼓看作一个好发明。人们把拨浪鼓送给孩子们，让他们把精力花在这上面，防止他们打碎家里的东西。让幼小的孩子保持安静是没有用的，就像拨浪鼓是婴儿的好帮手一样，音乐教育也是大孩子的好帮手。因此，应该通过让孩子们自己创作音乐，来教他们学习音乐。要确定不同年龄段的孩子适合什么样的音乐并不困难，反驳那些伪称学习音乐是不绅士的行为的人也不困难。首先，既然人们必须在某种程度上进行自学，才能对事物形成正确的判断，那么他们就应该在年轻的时候学习和实践，这样，当他们长大成人时，他们就可以不用学习。而通过早期的学习，他们能够对事物作出正确的判断，并从中获得适当的乐趣。对于那些认为音乐会使人沦为匠人的异议，只要我们审慎考量以下问题，便不难回应：音乐教育应在何种程度上成为培养青少年之公民德性的必修课？他们应当练习何种歌曲与韵律？又当选用何种乐器？——因这些差异至关重要。这就是解决难题的方法。事实上，没有什么能阻止某些类型的音乐达到我们所建议的目的。"当然，显而易见的是，学习音乐不应该影响其未来的效用，不应该使身体养成一种不好的习惯，也不应该使人们不适合履行公民义务——无论是立即学习这些义务还是随后履行义务。如果孩子们不去费力地练习，就像为参加公开展示做准备那样；如果他们不去努力表演那些最近在公开展示上流行的奇技淫巧，而是学习足够的知识，使他能够在高尚的歌曲和节奏中得到快乐，而不是像一些低等动物和大部分奴隶和儿童那样，在任何自称为音乐的东西中找到一种没有鉴赏力的乐趣，那么音乐教育的所有有益结果都将得到实现。如果我们承认这一点，那么我们在选择乐器时就不会有任何疑问了。"亚里士多德特别谴责了长笛，并讲述了它是如何被使用，以及后来又是如何被抛弃的，因为它产生了不道德的影响。"同样，许多古老的乐器也受到了谴责，如笛子、巴比特琴，以及那些能使听众产生感官愉悦的乐器，如七弦琴、三角琴、三弦琴，还有所有那些需要科学操作的乐器。"……"因此，我们要谴责所有关于这些乐器的特征和使用方法的专业教学。我们称所有面向公众展示的教学为'专业'教学。接受这种指导的人追求艺术的目的，不是为了自己的文化修养，而是为了给其他人带来快乐，而且是一种庸俗的快乐。因此，我们认为这种做法带有卑微的和手工艺工作的味道，不适合自由人。事实上，他们从事这项工作的目的是不光彩的，因为他们的观众是庸俗的。观众经常会改变专业演奏者的音乐，从而对迎合他们口味的专业演奏者的品性产生影响，而这又会对他们的身体产生影响，因为他们作出改变需要调整很多动作。"

既然不同种类的音乐对灵魂的习惯有不同的影响，亚里士多德接下来要问的是，什么种类的音乐适合教育呢？他的回答是："我们接受某些哲学家所做的分类。他们将歌曲分为伦理歌曲、实用歌曲和热情洋溢的歌曲三种类型，并分别赋予它们不同的和声。我们认为，音乐肯定不是只用于一个有用的目的，而是用于几个有用的目的：第一，用于教育；第二，用于净化；第三，用于有教养的休闲、放松和娱乐。显然，所有的和声都应该被使用，尽管使用的方式不尽相同。最具伦理性的（即那些最能影响灵魂气质或习惯的）和声必须用于教学；实用和热情的和声则用于专业表演者的娱乐活动。因为那些在某些灵魂中表现得很强烈的情感，在所有灵魂中都潜在地存在，只是程度不同而已。例如，怜悯、恐惧，还有热情，这些是让某些人很容易着魔和兴奋的情感。如果我们观察圣歌的效果，就会发现这些人在那些使灵魂庄严肃穆的歌曲的影响下恢复了正常状态，就像他们接受了治疗和净化一样。同样的事情也会发生在所有有怜悯、恐惧的情绪倾向的人身上，以及其他人身上。对于所有人来说，一定存在着某种形式的净化和解脱，且这种净化和解脱是伴随着愉悦的。因此，这些"净化"歌曲能给人带来无害的愉悦。正因为如此，才应该制定一项法律，规定举办公开音乐会的表演者应使用此类和声和此类歌曲。事实上，既然有两类公众，一类是自由的、有教养的，另一类是粗鲁的、庸俗的，由技工、匠人等组成，那么就必须有娱乐活动和演出，以便为这两类人提供消遣。由于后一类人的灵魂可以说与正常的状态相悖，因此在和声中也有怪异的地方，在歌曲中也有矫揉造作、格调不高的地方；每个人都从与他的本性相契合的东西中获得快乐。因此，为了满足这部分观众的需求，必须允许表演者创作这类音乐。"

"如前所述，为了达到教学目的，我们必须使用伦理歌曲和相应的和声。正如先前所说的，多利安式和声就是这样一种和声。同样，我们还必须接受任何其他种类的音乐，这些音乐可能是那些专注于哲学讨论和音乐教育的人所认可的……关于多利安式和声，人们普遍认为它是所有和声中最沉静、最能表现男子气概的和声。此外，既然我们的原则是，两极之间的中庸是可取的，也是应该追求的，而多利安式和声与其他和声的关系也是如此，那么多利安式歌曲就应该优先传授给年轻人。不过，我们必须注意两点，一是可行，二是合适。我的意思是，我们必须讨论对不同的人来说，什么是可行的，什么是合适的。事实上，这取决于人生的不同时期。例如，处于生命衰退期的人不容易唱出强烈的和声，自然会建议他们唱慵懒的和声。那些指责苏格拉底以慵懒的和声令人陶醉为由，将这样的和声作为教学内容的音乐家是正确的（苏格拉底所说的"令人陶醉"并不是指像酒那样令人陶醉，因为酒更多地会使人喧闹。这里的"陶醉"应该指的是慵懒）。事实上，着眼于未来和老年人的状况，应该教授这类舒缓的调式和歌曲。此外，如果有适合年轻人的，既能陶冶情操又具有教导意义的和声，比如吕底亚式和声，当然也应该采用。因此，很明显，在教育方面有三个要点需要考虑，即避免极端、注重实用性和要点适当性。"

亚里士多德认为，青年课程应包括四个学习领域。我们注意到，在亚里士多德现存的著作中，他很少提及文法和绘画。至于前者应该包括哪些分支，他没有在任何地方直接告诉我们；但我认为，毫无疑问，他给语法、修辞学（包括诗学）、辩证法、算术、几何和天文学都留出了一席之地，它们与音乐一起构成了七艺，即中世纪的"三科"和"四艺"。正如我们从斐洛、泰勒斯、塞克斯都·恩披里柯、圣奥古斯丁等人那里看到的那样，这些课程在不同时期经历了相当大的变化。但在马蒂安努斯·卡佩拉那里，这些课程又回到了它们最初的形式，并主导欧洲教育长达一千年之久。

第七章 二十一岁以后的教育

请相信，幸福的源泉不在于财产的丰厚，而在于灵魂合乎德性的状态。正如人的身体不会因为身着华服，就被认为是幸运的；但是，如果人拥有健康的身体，即使没有这些外在的附属品，也能得到幸福。同样，只有当灵魂得到教化时，我们才应该把幸福归于灵魂；只有当一个人拥有这样的灵魂，而非徒有华丽外表却毫无德性时，他才会被称为幸福……对于那些灵魂卑劣的人来说，财富、权力和美貌都不是他的福气；相反，这些外物越多，对他的伤害就越大，越深——因为没有明智相伴，外物终成灾殃。

——亚里士多德

芝诺曾经讲过一个关于克拉底的故事，大意是这样的：有一天，克拉底坐在一个鞋匠的店里，大声朗读亚里士多德写给塞浦路斯国王泰米松的"劝诫（哲学）"，亚里士多德提醒国王，他拥有哲学的所有条件、丰富的财富和崇高的地位。当他在读这些的时候，鞋匠没有中断他的缝纫工作，一直在听他读，直到最后克拉底说："菲利斯库斯，我想我要为你写一篇训诫；因为我看到你具备的哲学条件比亚里士多德列举的还要多。"

——泰勒斯

成功接受完国家培训的年轻人在二十一岁时成为公民或政治家，并开始行使他们的职能。这些职能分为两种：（1）积极的、实践性的或行政性的；（2）深思熟虑的、理论性的或立法性的。这两种职能一方面要求人的行动必须充满活力，另一方面要求人有丰富的经验以及能深思熟虑的特质。因此，国家必须由年轻力壮的人来承担积极的职责，而年长成熟的人则承担需要深思熟虑的职责。前者的突出美德是坚毅、忍耐力或耐心；后者的突出美德是二者同样具有自制力和正义感。亚里士多德以上述方式分配了柏拉图所说的四大美德。

当年轻人刚刚成为公民之时，他们会被分配到文职和军职的实践岗位，从而用实践的方式学习实用哲学——伦理学和政治学。随着年龄的增长，他们逐渐晋升到需要较少实践和较多思考的职位，直到最后进入议事机构或议会，这时他们不再承担具体的实务职责，可以全身心地投入哲学或理论研究中。就这个世界而言，这些人已经走到了生命的尽头。他们终日沉浸在富有文化的休闲时光和对神圣事物的沉思中。他们中最年长的人、最熟悉神事的人，则被选为祭司，这样他们就可以与神生活在一起，并得到应有的服务。如此，他们逐渐地，几乎是在不知不觉中，从时间的世界进入了永恒的世界；从以超越自身的不完美为目的的实践活动，进入自足和对神圣生活的完美沉思之中。亚里士多德以这种方式解决了关于实践生活和沉思生活的兼容性和相对价值的难题。他认为，它们二者是必要的互补，通过沉思的方式发现的东西，需要依靠实践来实现。

这就是希腊人对人类命运的最高看法，也是他们认为的通往人类命运的道路。这种看法在许多方面都极具吸引力和启发性，同时，它的缺陷也是所有希腊观点的缺陷。这些缺陷体现在，首先，因为它的理想是智力的和审美的，是一个协调、和谐的整体，个人只是其中的一部分，而不是像道德的或宗教的理想那样，是个人对最高意志的自我屈服；因此，只有少数精选出来的人，而不是每一个人，享受了它的果实。它的伦理体系乃制度性的，而非个人的。事实上，希腊人从未实现现代意义上的"人格"概念——只有以道德自觉为核心，人格方可能生成。希腊伦理追求在个体自身的相互关联与平衡中实现幸福，而非通过每个个体独立地遵从某个至高自我来达成。正因如此，尽管亚里士多德的理念具备非凡的洞见与和果敢的审慎态度，却无力重建人的道德统一性，直至它被更高层级的理念所吸纳。

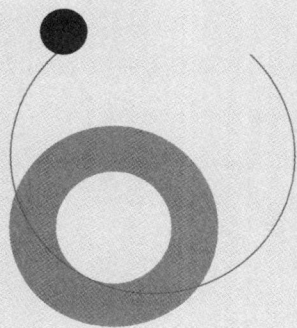

第四卷

希腊化时期

（公元前 338—公元 313 年）

第一章　从民族生活到世界生活

> 这是希腊，但不再是生机盎然的希腊了。
>
> ——拜伦

古希腊教育的鲜明特征在于其统一性、全面性、均衡性与目的性。它致力于培养完整的人，力求使人性中的诸多要素为了某一终极目标达至完满和谐。此目标即为国家，公民的全部活动和才能都应在国家中找到得以施展的舞台。我们看到，当保守的斯巴达人恪守此理想，并严拒一切可能动摇它的思潮时，雅典人却因自由地接纳这些思潮，逐渐瓦解了身心教育间的美好均衡，因过度沉湎智性教育，导致"人"与"公民"的割裂。这样做的后果就是个人主义的泛滥，这种泛滥又继而威胁到了希腊人的生存。

面对这股毁灭性力量，希腊最卓越的贤哲，如埃斯库罗斯、阿里斯托芬、伯里克利、苏格拉底、色诺芬、柏拉图、亚里士多德，都以德性与智识的全部力量奋起抗争。其中一派试图通过专制，压制智性追求，将"人"重新消融于"公民"之中；另一派则清醒地认识到此路不通，转而界定个体的界限，使其不与公民领域相侵犯，从而让二者和谐共存。他们通过将个体置于国家之上来实现这一点——鉴于前者乃纯粹智性领域，他们不得不得出结论，规定沉思生活是实践生活的终极归宿，公民与国家仅为个体而存在。事实上，这些哲人远未窥见此结论的全部意蕴，其影响在后世才渐渐显露出来。但"人与公民分离，且前者位尊"的原则，实则扮演了双重角色，它既是毁灭希腊文明的力量，同时也成了取代希腊文化的那种文明的激活力量的精神力量。如果我们仔细研究一下柏拉图与亚里士多德的计划，就会发现，他们试图将个人主义精神的活力耗尽于与神的智性关联中，以天堂为饵，诱使人们放弃尘世的政治诉求。他们实质上宣称：人在现世的一切社会关系中皆为公民，唯有在与神的关系中他才是一个个体。过去两千年的历史不过是对这个命题的注脚。自希腊世界的哲学巨匠将人性中的神性要素赋予自主的至高能动性之日起，欧洲的思想和生活就一直为这三大问题所激荡，而对这三个问题的回答又在很大程度上决定了欧洲人的思想和生活。这三个至今仍无定论的问题是：（1）人性中的神性元素的本质是什么？（2）神性元素应以何种形式或制度来表达和实现？（3）这种制度如何与国家相联系？

真正推动世界发展的原则，从来不是抽象思辨的产物，而是源于人类的危机或时代剧变。现在的情况就是如此。在理论形成之前，人与公民的割裂就已经成为事实。另一方面，随着理论的确立，更伴随着理论确立后所发生的事件，都进一步强化了这些理论。发生在亚里士多德逝世前十六年的喀罗尼亚战役永远终结了希腊自由的公民生活，摧毁了旧理想赖以实现的根基，迫使人们在国家之外寻求活动领域、缔结新型共同体。城邦虽仍在维持，古老的教育体系——文法、体育、音乐——亦在延续，但二者的精魂已然消散。国家逐渐被哲学学派取代，智性教育日益聚焦于修辞之术——这门技艺使个人得以在同伴中崭露锋芒，攫取财富与权位。自此时起，希腊的精神生活便显形于修辞学家（诡辩家的后裔）自命不凡、空洞无物的个人主义表演以及作为其对立面的，承载着苏格拉底的精神遗产的哲学派系之中。

伊索克拉底可以说是修辞学派的创始人，他在成为苏格拉底的学生之后，转而反对哲学学派，倡导优雅的哲学主义。这些学派的目的是培养聪明的世俗之人，这些人完全了解大众的观点和动机，能够对任何主题侃侃而谈，并具有说服力。这些学校通常不以传授高深学问或激发哲学思考为己任：事实上，它们对二者都嗤之以鼻；但它们确实努力传授大量的普通知识，使学生们能够掌握当时流行思想的主要脉络。因此，他们成了一个民族中实践教育的传播者。这个民族在失去了政治生活之后，没有找到更高尚的生活方式，而是在社会交往中获得满足感。数百年来，修辞学派产生了巨大的影响，事实上，在某些时候和地方，他们是哲学家学派的强大对手。

毕达哥拉斯是第一个试图在国家之外创立教派或学派的希腊人，毫无疑问，后来的所有学派在某种程度上都是以毕达哥拉斯为蓝本的。诚然，毕达哥拉斯学派早在柏拉图和亚里士多德时代之前就已经解体和分散了，但是，他的追随者分散在希腊各地，传播他们老师的思想和原则。现在雅典已经陷入了毕达哥拉斯学派曾抗议过的那种状况，而毕达哥拉斯学派的思想在那些无法从当时的社会生活中获得满足的人们心中得到了回应。因此，虽然柏拉图和亚里士多德的学派原本只是教育机构，但是，在亚里士多德的有生之年，他的学派也变成了教派（后来被称为"异端"），拥有一套明确的非政治原则，其成员试图根据这些原则塑造自己的生活。要说这两个学派取得了很大成功，倒也不太准确，原因在于它们过于纯粹的知识性，并没有对政治生活进行强烈的反抗，而且它们理想中的人的类型也不容易找到。但是，亚里士多德去世后不久，几乎同时出现了另外两个影响深远而广泛的学派。这两个学派的影响力长达六百多年，它们就是伊壁鸠鲁学派和斯多葛学派。这两个学派在方法上大相径庭，但它们追求的目的是一致的，即个人的独立。它们追求独立的方式是遵守由自然规定而非人类立法者强加的法则。前者以感官法则为指导，后者则以精神法则为指导；前者主张自由意志，后者宣称宿命论，这真是奇怪的矛盾。这四个学派是在雅典唯一得到广泛支持的学派，除学院派外，它们从未偏离其创始人的原则太远。到了马库斯·奥勒留时代，在雅典成为一所纯粹的罗马大学多年之后，这些学派建立的学园受到国家的赞助，并得到公共资金的支持，而且没有任何记录表明这种赞助中断过，直到公元 529 年它们最终被查士丁尼皇帝关闭。

亚里士多德去世后不久，雅典被亚历山大取代，不再是影响希腊的中心。修辞学派和哲学学派在亚历山大立足，并很快拥有了众多弟子。然而，这些弟子不再完全是希腊人，甚至希腊人已不再占主体，他们来自世界的所有国家，尤其是东方国家，这些人包括腓尼基人、叙利亚人、犹太人、波斯人等，更不用说埃及人了。他们现在都成了希腊哲学的学生和哲学教派的成员。这些的成员不仅在一起学习，而且基本上共同生活在一起。大约在公元前 300 年，著名的亚历山大博物馆和图书馆——世界上第一所博物馆和第一所公共图书馆——建立起来了。不同的学派聚集在一起，研究、讨论和交换意见。他们关注的也不仅仅是希腊思想，埃及和东方的观点和信仰也在其中占有一席之地，而且最终占据了最大的比重。考虑到当时思想和生活的发展趋势,这一点并不奇怪。

我们已经看到,随着希腊公民生活失去其存在的条件,希腊公民中有思想的那部分人越来越多地在超越感性的智性世界中寻求生活的原则。柏拉图和亚里士多德已经尽力揭示了这个世界的本质,但事实证明,无论是由"善"指挥的有序的思想体系,还是由众多低级智慧为其服务的最高智慧,都无法产生时代生活所需的原则。因此,我们发现亚历山大的哲学家们努力用东方宗教(包括犹太教)的形式来塑造他们的智慧世界。亚历山大哲学的各种形式逐渐形成,它们是希腊思想和东方宗教的复合体。在此基础上,这一哲学又同时组织了各种形式的社会生活,所有这些都或多或少地趋向于宗教共产主义。因此,出现了治疗派、新毕达哥拉斯派和新柏拉图派,它们虽有一些缺点,但都为"净化"生活作出了很大贡献,并为更高等的文明铺平了道路。

公元前146年,希腊落入罗马人之手,公元前30年,埃及也被罗马人征服,从此成为罗马帝国的一部分。雅典和亚历山大现在是罗马的大学城,而罗马则逐渐成为传播希腊和东方影响力的中心。从希腊丧失自治权到基督教取得胜利的六百多年间,在这三个伟大的中心或以它们为中心的世界中,教育呈现出怎样的形式?对于这个问题,即使是本书也不可能给出一个草图,我们仅试图对这一时期教育的主要倾向给出一个总体概念,正如我们所看到的那样,这两种倾向分别是修辞学和哲学;我们将结合这两种倾向的代表,修辞学家昆体良和哲学家普鲁提诺,对这一时期的教育进行大致说明。如此,我们就为探讨基督教学派的兴起铺平了道路。

第二章 昆体良与修辞学教育

修辞学与辩证法的主题都是那些在某种程度上属于常识,而不属于任何明确的科学的东西。因此,每个人在某种程度上都有这方面的天赋;因为每个人在某种程度上都试图研究和支持一个论点,为自己辩护和指责他人。

——亚里士多德

有一种政治理论是由许多伟大的东西组成的,其中一个很重要的部分就是雄辩,亦称修辞。

——西塞罗

凡是有利于维护人际关系和人类社会的责任,都必须比任何止步于知识和科学的责任更重要。

——西塞罗

芝诺合拢手指、握紧拳头,说这如同辩证法;随后他张开手指、摊开手掌,说修辞学就恰似这展开的掌心。

——西塞罗

深思熟虑的行动比明智的思考更重要。

——西塞罗

我要说的是口才的乐趣,这种乐趣不是在某一时刻,而是几乎每一天、每一小时。

——塔西陀(罗马历史学家、文法家和演说家)

语法是关于诗人和散文家普遍使用的语言的经验性知识。它分为六个部分:(1)训练朗读,适当注意拟声词、韵律、重音、数量、节拍等;(2)根据诗歌的形式进行阐述、批评;(3)随时陈述辩证法的特殊性和典故;(4)发现词源;(5)准确描述类比;(6)对诗歌作品的批评,这是语法艺术中最高级的部分。

——狄奥尼索斯·特拉克斯(希腊化时期语法学家)

诵读是指朗读诗歌或散文作品时能够不磕磕绊绊。诵读时必须充分考虑表达、韵律和停顿。从表达中我们可以了解作品的优点，从语调中我们可以了解朗读者的艺术，从停顿中我们可以了解作品想要表达的意思。这样，我们就能读出悲剧的英雄气概、喜剧的娓娓道来、挽歌的惊心动魄、史诗的悠长篇章、抒情诗的婉转动听、哀歌的轻柔平缓。任何不适当地遵守这些规则的阅读都会贬低诗人的功绩，使读者的习惯变得可笑。

——狄奥尼索斯·特拉克斯

很明显，人类在德性和言语方面胜过其他动物：为什么我们不能认为人的德性既在于口才，也在于理性呢？

——昆体良

文人，以及真正有智慧的人，不致力于空谈，而是致力于管理国家（那些被称为哲学家的人已经远离了国家）。他们乐于使用一切可用的演说手段来达到自己的目的，因为他事先已经在自己的心中确定了什么是光荣的目的。

——昆体良

如果我们细数人生的各个阶段，就会发现痛苦远远多于快乐……第一个阶段，即婴儿时期，是最艰难的。婴儿饿了，保姆却哄他睡觉；婴儿渴了，保姆却给他洗脸；婴儿想睡觉，保姆却拿起拨浪鼓吵他。当孩子从保姆身边逃走后，又会被教育家、体能训练师、语法老师、音乐老师和绘画老师抓住。随着时间的推移，又增加了算术老师、几何老师、马术老师；他起得很早，没有休闲的机会。他成了军校学员，又不得不惧怕教官、体能训练师、剑术老师和体操老师。他被所有这些人鞭打、监视、扼杀。等到他二十岁从军校毕业，又要恐惧地注视着上尉和将军等。

——斯多葛学派的泰勒斯（公元前 260 年）

罗马历史上最辉煌的时期是没有文法的时期。只有当罗马民族开始解体，世界主义的希腊倾向开始影响罗马人民时，文法才开始出现。因此，罗马文法从一开始就必然充满了希腊精神，与罗马人民的民族精神形成了最直接的对立。

——莫森

到罗马开始衰落之时，罗马青年所接受的学校教育都是极其贫乏的，只包括阅读、写作和少量的法律内容。后来更多的教育内容都是从希腊人那里借鉴来的。大约在公元前 200 年，即第二次布匿战争结束时，希腊人的影响开始明显显现出来。严厉的加图非常鄙视修辞学家和哲学家，他晚年学会了希腊语，并为他的儿子写了一系列关于伦理、修辞、医学、军事科学、农耕和法律的手册。与此同时，西辟奥·阿利坎努斯还利用闲暇时间练习体操。从这时起，随着罗马逐渐失去其民族特色并走向世界，它越来越多地采用希腊的礼仪、宗教（或非宗教）和教育。最终，公元前 146 年，希腊成为罗马的属地，"被俘的希腊俘虏了它粗鲁的征服者"，这是千真万确的。成千上万的希腊教师、修辞学家、哲学家等涌入罗马。尽管罗马曾试图驱逐或镇压他们，但他们依然坚守阵地，原因很简单，他们提供的教育是当时的必需品。作为世界的女主人，罗马面临两个选择，要么成为世界性的大都市，要么灭亡。当然，它宁愿选择前者。现在，罗马第一次有了自己的文法，并开始发展自己的语言。罗马人特别感兴趣的学习内容是：（1）语法，即文法；（2）修辞学；（3）哲学，即各种学派、学园和大学教育。哲学与音乐和几何一样，在大多数情况下是一种优雅的成就，而不是一项严肃的研究。物理科学在罗马很少受到青睐。

只要罗马的教育掌握在希腊人手中，授课就还是用希腊语，他们阅读和讨论的也是希腊人的作品。但是，罗马人虽然愿意借鉴希腊文化，却不愿意在知识上永远依赖一个被征服的民族，因为他们在很多方面都瞧不起这个民族。因此，他们大力发展本民族的文法和教育。大约公元前 100 年，一位保守而有德性的罗马骑士卢修斯·埃利亚斯·普莱科尼努斯·斯蒂罗为上层社会的年轻人开设了一个私人拉丁语语法和修辞班，从那时起，除了哲学之外，希腊对罗马的直接影响逐渐减弱。事实上，所有自诩有文化的人都继续讲希腊语，但拉丁语成了罗马文法的语言。斯蒂罗有两个著名的学生——瓦罗和西塞罗，他们二人与凯撒一起，被称为"古典拉丁语、文法和雄辩之父"。瓦罗和凯撒都写过语法方面的著作。大约在这个时期，一位名叫科尼菲斯的人写了第一部关于修辞学的拉丁文论文。但是，在修辞这一主题上，无论是实践上还是理论上，最权威的都是西塞罗。西塞罗写了不下七部关于修辞学的作品。随着西塞罗的逝世以及共和国向帝国的转变，雄辩术失去了它最崇高的用途——捍卫自由。然而，修辞学作为一门高雅的艺术继续得到发展，事实上，修辞学已涵盖了青年高等教育的全部内容。在这门艺术方面，最著名的教师是昆体良，他是"迷茫青年的最高导师，罗马长袍（即公民身份）的荣耀"。

昆体良约于公元35年出生于西班牙的卡拉古里斯城（卡拉霍拉），后来，圣多米尼克也在此地诞生。昆体良曾在罗马接受教育，后来回到家乡，成为一名修辞学教师。大约在公元68年，他应加尔巴皇帝的邀请在罗马定居，教授修辞学长达二十年。他的教学成绩卓著，还从政府领取薪水。在尽享富贵生活二十年后，昆体良隐居山林。之后，他写下了让他名传后世的著作《雄辩术原理》（或称《论演说家的教育》）。在这本书的第一卷中，他为家庭和学校制订了预备教育计划；随后的十卷专门讨论修辞学，最后一卷讨论演说家的性格，他认为演说家与有教养的绅士是一样的。这本书只有第一卷与教育学生有关，现在我将对其进行简要概述。

孩子出生后，父母的首要任务是为他找一个品德高尚、言谈有教养的保姆。一个孩子如果过早地学会了言行举止方面的坏习惯，那么他以后很可能就改不掉了。对于孩子年幼的伙伴和他的老师，也要格外小心地挑选。老师应品行端正，见多识广。孩子的第一语言应该是希腊语，但拉丁语也应该尽早开始学习，而且这两种语言都要认真学习。没有必要按照一般的习惯，即在孩子七岁之前不让他学习读写。七岁之前，通过游戏就可以做很多有益的事情。但是，不应该在孩子还不认识字母的形状之前，就教他们重复读字母表。孩子们可以在石板上学习这些字母，一旦认识了字母，就应该把它们写出来。用笔按照刻在石板上的字母形状将其书写下来是一件好事。学完字母之后，必须学习音节——希腊语和拉丁语中所有可能的音节。学完音节之后再学单词，单词之后再学句子。在这些过程中，最重要的是避免操之过急，确保学习的彻底性和完整性。在孩子能够读写所有音节之前，不要让他尝试学单词，在他完全熟悉单词之前，也不要让他尝试学句子。在读句子时，他必须学会眼快于嘴，当他用嘴唇读出一个单词时，就马上能用眼睛认出下一个单词。应利用写作课，让孩子熟悉罕见的词语和优秀的诗歌。

在这个阶段，应当好好锻炼孩子的记忆力，并积累大量的优秀文法作品供将来使用。与此同时，应训练他的语言器官，让他快速读出含有难发音组合的诗句。

孩子一旦具备了相应的能力，就应该去上学。因为家庭教育在很多方面都是不可取的，尤其是对于那些打算成为演说家的男孩来说。这些孩子首先必须学会交际、机智处事、具有团队精神，能在学校建立友谊。他在学校里可以学到许多在家庭中无法学习的道德课程，也会受到许多在家庭中没有的激励，其中就包括激励因素。"野心本身虽然是一种恶习，但却是许多美德的源泉"，几乎没有任何激励因素像野心一样强大，因此应该充分利用它。

当一个男孩被送到学校时，老师要做的第一件事就是摸清他的性格和能力。能力的主要标志是记忆力和仿效。仿效不是模仿，模仿是天资不高的表现。迟钝虽然令人反感，但总比早熟好，早熟在任何方面都不可取。对不同的男孩要因材施教：有的需要训斥，有的需要鞭策。最优秀的男孩是"受到表扬会兴奋，得到荣誉会高兴，挨打会哭泣的男孩。这样的孩子可以通过竞争来培养；因为责难会刺痛他，荣誉会激励他"。男孩应该有休息和玩耍的时间，这样的时间既不能太短以至于不能提供足够的娱乐，也不能太长以至于鼓励孩子们无所事事。问答游戏有利于磨炼孩子们的智慧。在游戏中，教师也可以了解学生的性格。体罚是完全不可取的，事实上，如果教师尽到了自己的职责，体罚是没有必要的。

男孩除了在学校学习文法之外，还必须辅之以音乐和天文学的学习。没有前者，就不可能读懂诗歌；没有后者，就不可能理解诗人使用的某些典故和确定日期的方式。为了理解恩培多克勒和卢克莱修等诗人的作品，有必要学习一点哲学；为了练习训诂推理和实际应用，有必要学习一点几何学。因此，学校教育的课程应包括文法、音乐、天文学、哲学和几何。

文法由两部分组成：（1）方法，即正确说话的艺术；（2）历史学，即对诗人、历史学家、哲学家等的了解。现代意义上的语法，也就是前面所说的方法，应旨在让孩子能够正确、清晰、优雅地说话和写作。所有的野蛮语（即外来词和成语）、独白，矫揉造作和散漫的发音都要避免。在使用语言时，要考虑到四点：(1)合理性；(2)古典性；(3)权威性；(4)习惯性。在阅读时，必须教导孩子"在哪里吸气，在哪里划分诗句，在哪里要保持意义的完整，从哪里开始，在哪里提高声音，在哪里降低声音，使用什么语气，说什么的时候要慢，说什么的时候要快，说什么的时候要有力，说什么的时候要温柔"。要做到这一切，他必须理解"诵读首先要有男子气概，严肃认真，还要有一定的愉悦感"。诗歌既不能读成散文，也不能读成歌谣。所有戏剧化的拟人和带有喜剧演员味道的手势都要避免。

对于历史的学习，教师在选择文本时必须非常谨慎。最好从荷马和维吉尔开始。虽然年轻人无法理解这些作品的全部内涵，但它们能唤起人们对具有高尚精神的事物的热情，然后使人们在以后的生活中经常阅读。虽然"悲剧是有用的，抒情诗中蕴含着营养"，但是在学习时必须慎重，要精选相关作品。必须排除一切与爱情有关的内容。甚至贺拉斯写的爱情内容也必须删去。讽刺诗和喜剧虽然对演说家极有价值，但必须等学习者的道德品质充分确立之后，才能学习这些东西，否则会受到它们的伤害。诗人的诗句应牢记于心，在阅读之时，应尽量注意让自己全情投入且具有男子气概。

孩子们在读完一首诗歌后，必须对其进行分析和审视，指出其语言和节奏的特点，列举词语的不同含义，并解释各种修辞手法。但比这一切都重要得多的是，教师应让孩子们牢记诗歌的篇章布局和恰当描述的重要性，"说明什么样的表达适合什么角色，什么是值得称道的思想，什么地方适合稍微冗长的语言，什么地方适合简洁的语言"。在为自己的分析提供旁证资料时，无论是历史、神话还是地理方面的资料，都应控制在一定范围内，只需提供必要的和有权威依据的资料。"对某些事情一无所知是教师的美德之一。"

至于写作课，教师应该首先让学生凭记忆用纯粹、简单、直接和朴实的语言默写伊索的《寓言》。然后，教师应要求学生通过扩写或简写的方式，将诗歌转写为散文。再之后，教师应该让学生练习写谚语、箴言、警句、简短而精彩的轶事等。诗人讲述的著名故事可以作为学生的作文题目，但主要是为了提供写作背景。这就是老师在教授写作方面应该做的工作，剩下的就交给修辞学家吧。

让青少年同时学习多个科目非常重要，他们也喜欢并需要学习多种多样的科目。他们在这些科目上取得的成绩确实令人吃惊。"我们没有丝毫理由担心男孩会在学习上退缩。所有年龄段的孩子都免不了感到疲劳"……男孩天生就比年轻人更喜欢勤奋工作。

简而言之，这就是昆体良提出的学校课程体系。他的课程体系中没有包含物理学（天文学除外）、体能训练或体育锻炼。游戏作为一种必要的娱乐的确是被允许的，体操和体能训练也是推荐的，但是，这些也只是为让崭露头角的演说家有优美的动作和姿态而服务的。"只有符合德性生活的东西才能取悦于人。"

一旦准备就绪，有志于在演说方面成名的年轻人就会拜修辞学家为师，在修辞学家的指导下，学习所有的艺术，掌握所有的知识，以满足他的职业要求。对于演说家来说，他们应该对任何一种知识和道德品质信手拈来。昆体良非常严厉地指责哲学家，指责他们给自己冠以"智慧的爱好者"这一特殊称谓。昆体良坚称，真正的演说家才是实至名归的智者和善人，演说家比那些背对世界、对人类事务毫无兴趣的哲学家强多了。此外，"哲学可以被模仿，但口才却模仿不来"。

昆体良著作最后一卷的最后一章论述了演说家退出公众生活之后，应该过怎样的生活。他写到，演说家将致力于写作，研究艺术、科学和哲学。这样的画面虽然迷人，但终究也会伴随着演说家的死亡而结束，除此之外一无所有。

在昆体良身上，我们看到了一个生活在世界主义的大都市的典型市民的样子。他的缺陷——他的迂腐、奴性、浮夸、世俗，只是一个好人在没有任何更高的生存愿景的情况下的自然表现。

─•第三章 普鲁提诺与哲学教育•─

谢林、巴德尔和黑格尔都没有辩驳过普鲁提诺:普鲁提诺在许多方面都超越了他们。

——阿瑟·里希特

为了拯救人类的德性和希腊文明,柏拉图和亚里士多德努力将实践生活和沉思生活结合起来,并使之相互关联,然而,尽管他们作出了种种努力,实践生活和沉思生活还是分道扬镳了。当然,这种结果对二者都极为不利。在昆体良描绘的一世纪的罗马生活的可怕图景中,我们看到了这种分裂所造成的结果的一个方面;在与昆体良相隔不到一个世纪后的琉善的辛辣讽刺作品中,我们可能会发现这种结果的另外一面。然而,就像在道德败坏和残暴的罗马,也会不时出现像昆体良和塔西佗这样有德性的人一样,在装腔作势的哲学江湖骗子中,仍有一些认真的思想家幸存下来,他们竭尽全力追求神圣的真理,并努力在永恒的世界中寻找现实世界极度缺乏的真实。到目前为止,这些人当中更多的是东方人,而不是希腊人或罗马人。这些思想家结合了希腊哲学和某种真诚的东方神秘主义。对他们来说,今生不过是为更高层次的生活所作的准备,而在更高层次的生活中,蕴藏着一切美、一切善和一切幸福。不难看出,这种人生观会带来什么样的教育。用"禁欲主义"这个词来形容这种人生观再恰当不过了。它不再寻求训练身心的协调,以期过上有德性的社会生活,相反,它追求的是身体消亡之后,灵魂得到升华并与神相结合的来世生活。在新柏拉图派,或新亚里士多德派,或新毕达哥拉斯学派(该学派最著名的代表是普鲁提诺)中,这种人生观的倾向最为明显。

普鲁提诺约于公元205年出生于埃及,具体国籍不详。普鲁提诺在亚历山大接受了文法、修辞学和哲学教育,并以教授哲学为职业。他一直在寻找一种能让他满意的教学体系,却一无所获,直到他遇到了"背袋人"安莫尼乌斯，他一眼就认定安莫尼乌斯就是他要找的老师。安莫尼乌斯从小是基督徒，但在接触哲学后放弃了之前的宗教信仰。然而，他所受的基督教教育仍对他有指导作用，因为他把宗教精神和当时基督教某些教派中流行的一些神秘思想带到了哲学中。显然，正是这一点使他为哲学指明了新的方向，并创立了一个新的学派，这个学派对后来的思想，甚至对基督教思想的影响是难以估量的。他开创的这个学派就是新柏拉图派，这一学派比其他任何学派都更能将深邃的思想与神秘的神学结合起来。

普鲁提诺聆听安莫尼乌斯的教诲长达十一年，在安莫尼乌斯去世后，普鲁提诺前往波斯，想研究该国的宗教，然而很快他就回来了。在安提阿短暂逗留后，普鲁提诺在他四十岁那年（公元 244 年）选择定居罗马，并在那里担任哲学教师，度过余生。普鲁提诺圣洁的品格和深邃的宗教思想吸引了众多真诚的男男女女，甚至包括皇室成员。他曾试图在坎帕尼亚建立一个柏拉图城，以便在社会生活中、在神学团体里实现他倡导的原则。但是，这一计划从未付诸实施。普鲁提诺死于公元 270 年，他是继亚里士多德之后唯一真正伟大的、具有独创性的古代思想家。

柏拉图和亚里士多德试图从感性世界上升到理智世界，而普鲁提诺则认为，自己已经获得了对感性世界的直接、直观的认识。因此，他从感性世界出发，尝试到达另一个世界。他发现，人生的最高目的就是柏拉图的最高原则——"太一"或者善。"太一"能够超越一切，自给自足。接下来他又吸收了亚里士多德的最高原则——"智慧"或"绝对认识"，认为这是一切观念的中心。此外，他也采纳了斯多葛学派的最高原则——灵魂、生命或宙斯，把它们作为世界的原动力。如此，善、智慧和生命形成了普鲁提诺所说的神性三位一体。这种三位一体是从亚里士多德的"努斯"（Nous）这个概念中抽象出来的。三位一体的要素既不是个人的、有意识的，也不是平等的。每一个下位要素都是由上位要素引起的，但并不来自它的上位要素；这种因果关系不是由任何自由意志的行为，而是由内在的必然性决定的。因此，普鲁提诺的三位一体只是一种能量，它按照必然的法则行事。三位一体中的第三个要素转向了物质，但物质只是对存在的渴求，这样就产生了一个由神、神灵和世俗生命组成的世界，其中最高级的是人。所有物质都具有多重性。

不难看出,这样的体系会产生什么样的伦理和教育。善意味着自足,意味着从多重性和物质中解脱出来,恶则意味着依赖多重性和物质性。人身上的任何恶都是由于他与物质的联系造成的,而他从任何意义上来讲都不对此负责。如果一个人想获得幸福,他唯一要做的就是摆脱物质和多重性,回归至善的统一。要实现这一目标,需要借助(1)音乐或艺术、(2)爱情、(3)哲学或辩证法。通过这些,他就能超越多重性而进入统一性。而这一切显然既没有道德上的恶,也没有道德上的善。事实上,普鲁提诺的世界不包含任何道德因素,原因很简单,因为它既不包含神,也不包含人。恶是需求的产物,而意识则意味着多重性,是恶的一部分。普鲁提诺学说的非伦理性,明显地体现在他颠倒了教育计划中的教导和净化的位置。按照旧的观点,净化只是一个治疗过程,是为道德训练所作的准备。根据新柏拉图派的观点,伦理训练和"政治美德"只是为净化和智力美德所做的准备,这种说法是完全合乎逻辑的。因为邪恶是物质性的,所以必须用物理方法对其进行治疗。普鲁提诺推荐的治疗方法是魔法,而不是道德;是仪式和祈祷,而不是英雄事迹;是抑制意志,而不是锻炼意志。

作为一个希腊人,普鲁提诺无法接受,甚至无法看到自己的理论所带来的一切后果:人们过着逃离世界,泯灭意识和个性的道德生活。因此,尽管他对公民生活评价不高(这在当时是情有可原的),但他认为应该培养公民美德,以此作为通向更高境界的方法。显然,他对当时的普通语法、修辞和音乐教育没有什么意见,而且他的很多论述都支持数学,认为数学是为他所认为最高的教育分支—— 辩证法 —— 作准备。普鲁提诺的教育偏好非常明显,因此尽管他自己没有得出结论,但时间和后世学者帮他总结了他的教育主张。从长远来看,新柏拉图主义的影响是使人的超脱城邦者的部分成为人的全部,贬低政治生活和政治努力,为神秘主义者、禁欲主义者和隐士铺平道路。和新柏拉图主义相比,其他哲学流派的倾向也没有明显的不同。因此,哲学非但无助于人与社会的和谐,无助于帮助人恢复道德生活,反而成为造成混乱和解体的一个强大力量,因为它完全忽视了道德生活,接受了迷信,把人变成了盲目的必然性和神奇力量的玩物。就这样,古代文明支离破碎，因为人类自己也支离破碎。每个碎片都试图把自己当作整体，公民的碎片在昆体良那里得到了最充分的表达，超脱城邦者的碎片在普鲁提诺那里得到了最充分的表达。在这些碎片结合成一个真正有道德的人、一个真正的道德社会的成员之前，必须产生一种修辞学家和哲学家都不知道的新的联合的力量。

─·第四章　结语·─

这确实是一个垂暮的世界，即使是凯撒的爱国天才也不足以让它重新年轻。唯有等到漫漫长夜彻底降临，破晓才会再度归来。

——莫森

巨大的希望已经笼罩大地。

——阿尔弗雷德·德·缪塞

我们已经看到，希腊人的生活理想建立在对个人与公民的完全认同之上。我们还看到，个人主义的发展是如何使这一理想陷入瘫痪的；最有智慧的人又是如何通过为个人主义提供一个高于实践但又有益的沉思领域，使其变得无害甚至有益的。最后，随着这一尝试的失败，人性的两面相互剥离，退化，一个变成了自私的世俗主义，另一个变成了同样自私的其他类型的世俗主义，二者都同样缺乏道德。

造成这一可悲结果的主要原因有三：(1) 针对个人主义提出的补救措施不够充分；(2) 最好的补救措施被搁置一旁；(3) 提出补救措施的条件很快就不复存在了。柏拉图和亚里士多德的补救举措都是针对希腊的小城邦的，但是马其顿征服了这些希腊小城邦，使它们失去了自治权。可能会有人怀疑说，即使这些城邦继续保持自由，柏拉图和亚里士多德的建议也挽回不了它们的命运。对此，我可以肯定的是，如果真的发生了这样的情况，即希腊城邦没有被马其顿征服，这些建议也不会奏效的。

新的世界主义加深了公民与个人之间的鸿沟，大大拓宽了后者的范围，同样，柏拉图的学说也未能弥合这一鸿沟。如果谁现在告诉超脱城邦者，他的职责是思考神圣的事物，并以神的名义传达指导世界的法则，那就说明这个人缺乏我们这个时代并不常见的幽默感。此外，那些自称通晓神明的人并没有表现出适合立法的能力，以至于现实生活中的人们无法接受

144

他们的指导。一个清楚的事实是，对神圣事物的思考越来越多地吸收了希腊思想的能量。除了亚里士多德之外，这种思考只是一种模糊的愿望，没有道德价值，而且越来越成为一种神秘的狂喜。在这种狂喜中，个人非但没有获得洞察力和力量，过上有德性的和有益的生活，反而使自己的意志被削弱。亚里士多德曾力证"现实是个体的"，但是他的抗辩终是徒劳的。柏拉图"知识都是理念或共相"的理论占了上风，这一理论认为，最高的知识是绝对普遍的知识，是一种不确定的存在，或如普鲁提诺所言，是连自身的存在都难以确定的"至善"。很难想象，不论超脱城邦者的生活多么纯粹、他的神情多么欣喜，我们都很难想象他能在凝视空虚中找到满足感，或者在凝视空虚之后让世界产生更多的德性。

▍附录 七艺

　　希腊人最初承认通识教育包含两个分支，一个是体操，针对的是身体；另一个是音乐，针对的是灵魂。随着时间的推移，从音乐中不仅发展出了所谓的通识教育，即构成每个自由民教育的各类学科，而且还发展出了被视为多余的奢侈品的哲学。本附录旨在尽可能地追溯这一渐进的发展过程。

　　在此过程中，我们必须牢记，"音乐"一词最初不仅包括我们现在所说的音乐，还包括诗歌，而且诗歌是当时所有科学的载体。《荷马史诗》中的"诗"指的是"神和人的作品"。因此，严格来说，所有的艺术和科学都是从音乐和诗歌中发展起来的。大约在第一次奥林匹亚运动会时，人们开始学习文字，但是，在文字被视为一个独立的教育分支之前，它还只是记录诗歌的一种手段。即使到了柏拉图时代，"文法"通常仍被归入"音乐"的范围。在亚里士多德那里，文法开始被视为一个独立的分支。由此可见，当我们发现希腊作家将灵魂教育局限于音乐，或音乐与文法时，我们绝不能得出结论，认为它们仅指演奏和歌唱、阅读和写作。当苏格拉底确认哲学是"最高级的音乐"时，他并不是在说什么新奇的或自相矛盾的话。在他之前，毕达哥拉斯学派也说过同样的话，而且毫无疑问，毕达哥拉斯自己也提出"音乐"包含了文法、算术、几何、天文学、我们现代意义上的音乐，以及哲学（毕达哥拉斯发明的术语）。柏拉图也是这样做的，他说"真正的缪斯女神与真理和哲学相伴"。但在他的时代，"音乐"有两种含义：一种是广义的，包括整个智力教育；另一种是狭义的，仅限于现代意义上的音乐。亚里士多德正是在后一种意义上使用"音乐"这个词的，他将学校的智力教育部分划分为文法、音乐和绘画。亚里士多德将哲学置于更高的等级。在将文法与音乐区分开来之后，他提出了一个与毕达哥拉斯不同的划分方式。亚里士多德提出的通识教育计划似乎是语法、修辞学、辩证法、算术、几何学、天文学，再加上音乐，我们就有了七艺。但是，由于还必须加上绘画，很明显，当时还没有明确确定用"七"这个数字来指代这些科目的想法。斯托贝乌斯引用了泰勒斯（公元前 260 年）作品中的一段话，其中提到男孩应学习文法、音乐、绘画；年轻人应学习算术和几何，这说明绘画在很长一段时间内都是学校课程的一部分。在这里，后两个科目已经与文法区分开来，但我们不能确定这份清单是否详尽无遗。尤其值得注意的是，泰勒斯的清单明确区分了低层次的学习和高层次的学习，这种区分预示了后来所谓的"三科"和"四艺"。

　　亚里士多德把哲学或最高层次的教育分为理论和实践两部分。理论部分又分为神学、第一哲学或智慧，后来被称为形而上学，以及物理学；实践部分分为伦理学——包括政治学和经济学——以及诗学或美学。

　　在泰勒斯之后，一直到基督教时代，我们很少看到关于希腊学校课程的著述。与此同时，罗马人在学习了一些希腊知识后，开始制订适合自己的教育计划。值得注意的是，在这个计划中，他们并没有像希腊人那样区分通识艺术和非通识艺术。早在公元前二世纪上半叶，监察官加图就为他的儿子编写了一系列手册，内容包括伦理学、修辞学、医学、军事学、农耕、法律。值得注意的是，这里唯一出现的希腊语学校课程是修辞学。罗马人尤其是加图本人，总是非常认真地学习这门实用的课程。加图认为希腊的教育和礼仪有损士气，所以为了抵制希腊教育和礼仪的入侵，他试图开设一套具有罗马特色的课程。然而，希腊在很大程度上占了上风，半个世纪后，我们发现瓦罗在其著作《原理九章》中记录了希腊课程中的大部分科目，包括语法、修辞、辩证法、算术、几何、天文学、音乐、哲学，以及许多其他科目。里奇尔在《瓦罗问题研究》这部书中试图证明这些课程就是七艺，再加上建筑和医学。蒙森在他的《罗马史》中也沿用了这一观点，但里奇尔后来又改变了自己的观点。毫无疑问，该著作中涉及语法、修辞、辩证法、音乐、几何和建筑学，至于其他学科是什么，我们只能猜测。罗马教育被分为三个等级，分别是文法、修辞和哲学，最后一个等级只有极少数人掌握。当然，"文法"现在有了非常广泛的含义，我们可以从狄俄尼索斯·特拉克斯的《文法技艺》(这本书显然是为罗马人编写的)一书中给出的定义中看出来。在该书的注释中,我们发现七艺被列举为天文学、几何、音乐、哲学、医学、语法、修辞学。

　　回到希腊人的话题。在与耶稣同时代的斐洛·犹大的著作中,我们经常可以看到"百科艺术"的提法,并将其与"哲学"区分开来。他说,前者的代表是埃及女仆夏甲,后者的代表是合法妻子撒拉。一个人必须先与艺术结缘,才能发现哲学的丰硕成果。斐洛没有在他书中的任何一个段落明确列出百科艺术的清单。但在一个地方,我们发现他列举了语法、几何、音乐、修辞学;在另一个地方,列举了语法、几何、"百科艺术中的全部音乐";还有的地方列举的是语法、算术、几何、修辞、辩证法。根据斐洛的说法,通识艺术似乎包含语法、修辞、辩证法、算术、几何、音乐。天文学没有出现在任何一个列表中。哲学则分为物理、逻辑学、伦理学。

　　从上述内容中,我认为我们可以得出这样的结论:在基督教时代,雅典、亚历山大或罗马都没有为通识科目确定明确的数量。在不同的地方,通识科目的数量显然不同。而且,罗马的课程也很明显与希腊的课程截然不同。在这个时代过后不久,我们发现塞内加(卒于公元 65 年)将通识课程分为语法、音乐、几何、算术、天文学(《书信集》,第 88 页)。他还将哲学分为道德哲学、自然哲学、理性哲学;最后一种哲学又分为辩证法和修辞学。塞内加将智慧置于首位,提出"完美的人类智慧"(《书信集》,第 89 页)的说法。从这里我们可以看出,七艺中有两门科目被归入哲学的范畴。稍后,昆体良将所有教育分为语法和修辞,但他允许年轻演说家学习一点音乐、几何和天文学。

　　谈到希腊人,我们发现大约二世纪末在雅典和亚历山大成名的塞克斯图斯·恩比里库斯写了一部反对教条主义者或"数学家"的伟大著作。他在这本书中提到,艺术包括语法、修辞、几何、算术、天文、音乐;科学包括逻辑学、物理学、伦理学。现在,我们离七艺已经不远了,但仍未抵达他最终的定义。我认为,塞克斯图斯之后,直到圣奥古斯丁之前,没有任何古代作家列出过值得一提的七艺内容。奥古斯丁在他大约写于公元 425 年的《再思录》中告诉我们,他年轻的时候曾撰写《通识教程》,撰写了关于语法的书，写了六本关于音乐的书，并着手撰写其他五门学科，即辩证法、修辞学、几何、算术、哲学的相关书籍。经常有人认为，这部书第一次明确地确定了七艺，但是，该书中没有任何内容可以证明这种假设是正确的。奥古斯丁没有说"其他五艺"，而只是说"其他五个"。此外，这五门学科中还包括哲学。虽然哲学肯定是一门"学科"，但据我所知，它从未被称为一门艺术，无论是通识艺术还是其他什么艺术。因此，我们没有丝毫理由把七艺的确立追溯到圣奥古斯丁，他肯定不会玩这种数字游戏的。事实上，奥古斯丁并不承认"七"艺。在与奥古斯丁同时代的异教徒马蒂亚努斯·卡佩拉的奇异而肤浅的著作中，"七艺"首次出现，但是即使在他的书中也没有强调这几门学科的数量。他的书只是提到了语法、辩证法、修辞学、几何、算术、天文学、音乐。毫无疑问，这些都是四世纪和五世纪罗马帝国较好的学校所教授的课程，当时，希腊的通识课程总体上取代了罗马的修辞课程。因此我们没有任何理由认为卡佩拉想要将他所认可的课程固定下来。事实上，卡佩拉的作品很拙劣，从他的书名《语文学与墨丘利的联姻》中就足以看出其特点。他在该书中写了七门艺术，只是因为他发现有七门艺术可以写。基督教元老卡西奥多鲁斯在他的《神圣文学与世俗文学大全》一书中首次提到了艺术的数量，并赋予其神秘含义。他发现《箴言》第九章第一节中写道："智慧建造了她的房屋，凿出七根柱子"，因此他得出结论说，七艺就是智慧之家的七根柱子。此外，"七"也与一周的天数相对应，即七天。值得注意的是，卡西奥多鲁斯将"艺术"从"学科"当中分离出来，或者像后人所说的那样，将"三科"与"四艺"区分开来。塞维利亚的伊西多尔（卒于公元636年）在他的《辞源》一书，阿尔昆（卒于公元804年）在他的《语法学》著作中都阐述了卡西奥多鲁斯的观念。当然，一旦艺术的数量被认为是由《圣经》这样的权威固定下来的，它就会像行星的数量或一周的天数，甚至像元素的数量一样，成为人们熟知的事实。大约在公元820年，阿尔昆的学生拉巴努斯·毛鲁斯（公元776—856年）写了一本《教士制度论》，据说在该书中第一次出现了"通识艺术九章"这一短语。大约在同一时期，奥尔良的狄奥多夫写了一首寓言诗《图绘七艺论》。

　　圣奥古斯丁之后的通识教育并不包括哲学，哲学以"七艺"为基础，如同"七根支柱"，通常分为物理、逻辑、伦理。后来，"哲学"逐渐成为一个包罗万象的术语。在一篇被库赞认定为十二世纪对柏拉图《蒂迈欧篇》的一个评注中，我们可见如下体系框架：

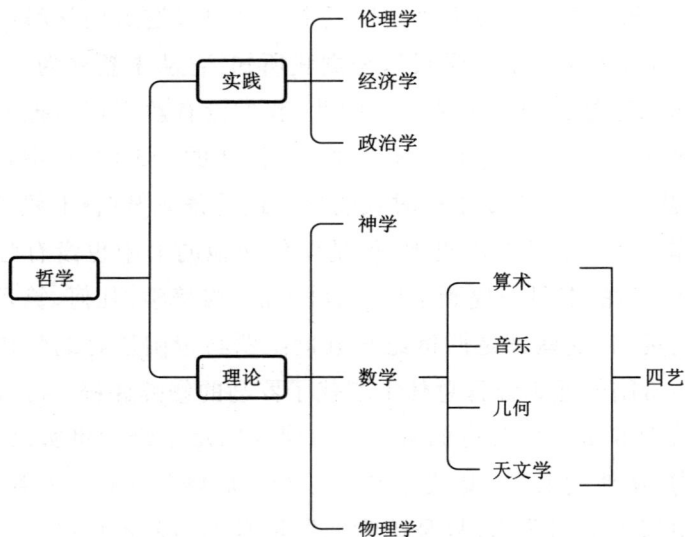

```
                              ┌── 伦理学
                   ┌── 实践 ──┼── 经济学
                   │          └── 政治学
                   │
                   │          ┌── 神学
                   │          │            ┌── 算术 ┐
         哲学 ──────┤          │            │ 音乐  │
                   └── 理论 ──┼── 数学 ─────┤       ├── 四艺
                              │            │ 几何  │
                              │            └── 天文学┘
                              └── 物理学
```

参考书目

    本书无意提供完整的希腊教育书目，仅期为希望进一步了解该主题的读者提供主要信息来源。

一、古代著作

    关于希腊时期的"旧教育"阶段，我们的权威资料很零碎，而且往往很模糊。这些资料主要是荷马的《伊利亚特》和《奥德赛》、赫西奥德的《劳作与时日》、前苏格拉底时期哲学家的作品片段（这些作品由穆拉赫收集在他的《古希腊哲学家残篇集》中，巴黎，迪多特出版社，1860—1881年出版，3卷，4开本），以及阿里斯托芬的喜剧，尤其是《云》中。对于希腊时期的第二部分，即"新教育"阶段，主要借鉴的权威资料是欧里庇得斯的悲剧、阿里斯托芬的《云》、柏拉图的对话，尤其是《普罗塔戈拉》《吕西斯》《理想国》和《法律篇》，以及色诺芬的《居鲁士的教育》《经济论》和《拉栖代梦的政制》。

    至于亚里士多德的教育理论，我们只能从他自己的作品中获取信息，其中包括《伦理学》和《政治学》。其中，《政治学》第七卷的最后几章和第八卷的全部内容都是关于教育的。我们还可以从最近发现的《雅典政制》中获得一些信息。

    关于希腊化时期的内容，我们的信息主要来自碑文，斐洛·犹大、塞克斯图斯·恩庇里库斯、普鲁塔克（《论儿童的养育》）、埃利安（《历史杂记》）、卢西安（主要是《安纳查西斯》）、斯托拜乌斯、普鲁提诺、瓦罗、西塞罗、塞内加、昆体良（《雄辩术原理》）、卡佩拉（《语文学与墨丘利的联姻》）和卡西奥多鲁斯的著作，以及其他诗人、历史学家和哲学家的零星论述。

    在这些作品中，特别值得提及的如下。

1. 阿里斯托芬:《云》。约翰·胡克汉姆·弗雷尔、托马斯·米歇尔和 W. J. 希基的译本(藏于博恩图书馆)。

2. 色诺芬:《居鲁士的教育》。有多种译本,包括阿什利·库珀等人翻译的《全集》,费城出版社,1842 年出版,以及 J. S. 沃森和 H. 戴尔的译本(藏于博恩图书馆)。

3. 柏拉图:《理想国》。有 J. L. 戴维斯和 D.J. 沃恩的译本、B. 乔维特的译本以及亨利·戴维斯的译本(藏于博恩图书馆)。

4. 柏拉图:《法律篇》。有 B. 乔伊特和 G. 布格斯的译本(藏于博恩图书馆)。

5. 亚里士多德:《政治学》(第七、八卷)。有 B. 乔伊特、J. E. C. 韦尔登和 E. 沃尔福德的译本(藏于博恩图书馆)。

6. 普鲁塔克:《论儿童的养育》。该部分节选自普鲁塔克的《道德论集》,由多位译者从希腊文译出,由 W. W. 古温德校正和修订,1878 年于波士顿出版。

7. 昆体良:《雄辩术原理》。J. S. 沃森译(藏于博恩图书馆)。

二、现代著作

本书参考的现代著作很多,但最全面的是洛伦茨·格拉斯伯格的《古代的教育与教学以及对当代需求的特别关注》,1864—1881 年于维尔茨堡出版,共三卷。第一卷论述男孩的体能训练,第二卷论述男孩的智力训练,第三卷论述国家对年轻人的教育。预计将出版一卷插图版。该书虽然结构粗糙,但所含信息和参考资料丰富。除此之外,还有 O. H. 耶格尔的《希腊人的体操》中关于体操对整个古代的影响及其对当代德国之意义的部分,1850 年于埃斯林根出版;福涅尔的《论希腊人的公共教育和教学》,1833 年于柏林出版;贝克·德福基耶尔的《古代游戏》,1869 年于巴黎出版;德波的《希腊人的哲学研究》;雅各布的《关于希腊的研究》;阿尔伯特·杜蒙的《阿提卡埃菲比亚论文集》,1876 年于巴黎出版;迪滕博格的《埃菲比阁楼》,1858 于汉堡出版;亚历山大·卡普的《柏拉图的教育理论》,1833 年于明登出版,以及《亚里士多德的国家教育学》,于 1837 年在哈姆出版;J. H. 克劳泽的《希腊人的教育和教学史》《伊特鲁里亚人和罗马人》,1851 年出版于哈雷。

  W. A. 贝克的《查理斯》《加卢斯》、古尔和科纳的《希腊人和罗马人的生活》中都有关于希腊教育的章节,这几部书都被翻译成了英文。在R. S. 内特尔希普撰写的《希腊史》中有一篇关于柏拉图的《理想国》中的教育理论的文章,于 1880 年在利文顿出版社出版;此外,在埃温德·哈奇所著《希腊思想对基督教会的影响》中,有关于希腊教育的一章。

书中人名汉英对照

阿尔弗雷德·德·缪塞 Alfred de Musset

阿尔凯奥斯 Alcæus

阿尔克曼 Alcman

阿尔昆 Alcuin

阿里昂 Arion

阿里斯托芬 Aristophanes

阿摩尼阿斯·萨卡斯 Ammonius Saccas

阿那克萨哥拉 Anaxagoras

阿瑟·里希特 Arthur Richter

埃庇卡摩斯 Epicharmus

埃斯基涅斯 Aeschines

埃斯库罗斯 Aeschylus

安莫尼乌斯 Ammonius

巴门尼德 Parmenides

拜伦 Byron

保萨尼阿斯 Pausanias

毕达哥拉斯 Pythagoras

庇西特拉图 Pisistratus

柏拉图 Plato

波利克拉底 Polycrates

伯里克利 Pericles

布伦奇利 Bluntschli

但丁 Dante

德拉科 Draco

德摩斯梯尼 Demosthenes

狄俄尼索斯·特拉克斯 Dionysius Thrax

恩培多克勒 Empedocles

斐洛 Philo

菲洛劳斯 Philolaus

斐瑞居德斯 Pherecydes

歌德 Goethe

格罗特 Grote

赫拉克利特 Heraclitus

赫兰尼库斯 Hellanicus

荷马 Homer

赫曼斯 Hemans

赫西俄德 Hesiod

黑格尔 Hegel

金口约翰 John Chrysostom

居鲁士 Cyrus

卡德摩斯 Cadmus

克里安西斯 Cleanthes

克利斯提尼 Clisthenes

科琳娜 Corinna

克塞纳库斯 Xenarchus

昆体良 Quintilian

莱库尔格斯 Lycurgus

莱库古 Lycurgus

莱辛 Lessing

勒基 Lecky

琉善 Lucian

吕西斯 Lysis

卢克莱修 Lucretius

马蒂安努斯·卡佩拉 Martianus Capella

马尔萨斯 Malthus

莫森 Mommsen

欧里庇得斯 EURIPIDES

皮塔库斯 Pittacus

品达 Pindar

普鲁塔克 Plutarch

普罗塔哥拉 Protagoras

普鲁提诺 Plotinus

乔治·J. 罗曼尼斯 George J. Romanes

萨福 Sappho

色诺芬 Xenophon

叔本华 Schopenhauer

塞克斯都·恩披里柯 Sextus Empiricus

斯特西克鲁斯 Stesichorus

苏格拉底 Socrates

苏萨里翁 Susarion

梭伦 Solon

索弗龙 Sophron

索福克勒斯 Sophocles

塔勒塔斯 Thaletas

塔西陀 Tacitus

泰格斯 Theages

泰莱西拉 Telesilla

泰勒斯 Teles

特尔潘德 Terpander

提耳忒俄斯 Tyrtæus

特潘德 Terpander

托马斯·希尔·格林 Thomas Hill Green

威廉·昂肯 Wilhelm Oncken

西塞罗 Cicero

修昔底德 Thucydides

亚历山大·贝恩 Alexander Bain

亚历山大·冯·洪堡 Alexander von Humboldt

亚里士多德 Aristotle

扬布利科斯 Jamblichus

伊巴密浓达 Epaminondas

伊比库斯 Ibycus

伊索 Aesop

伊索克拉底 Isocrates

伊西多尔 Isidore

尤维纳利斯 Juvenal

尤西比乌斯 Eusebius